Bariatrische Heißluftfritteuse

Kochbuch Für Einsteiger

Einfach Und Leicht, Bariatrie-Freundlich & Low-Carb-Rezepte Für Gesündere Frittierte Favoriten.

Das Wird Ihnen Helfen, Schlanker, Glücklicher Und Wohlschmeckender Zu Leben!

Annyer Priesl

© Copyright 2022 Annyer Priesl - Alle Rechte vorbehalten.

Keinesfalls ist es gestattet, dieses Dokument oder Teile davon in elektronischer oder gedruckter Form zu reproduzieren, zu vervielfältigen oder zu übertragen. Die Aufzeichnung dieser Veröffentlichung ist strengstens untersagt, und die Speicherung dieses Materials ist nur mit schriftlicher Genehmigung des Herausgebers gestattet. Alle Rechte vorbehalten.

Die hier zur Verfügung gestellten Informationen sind wahrheitsgetreu und konsistent, so dass jegliche Haftung, sei es durch Unachtsamkeit oder anderweitig, durch die Nutzung oder den Missbrauch der hierin enthaltenen Richtlinien, Prozesse oder Anweisungen in der alleinigen und vollständigen Verantwortung des Lesers liegt. Unter keinen Umständen kann der Herausgeber für Wiedergutmachung, Schäden oder finanzielle Verluste, die direkt oder indirekt auf die hierin enthaltenen Informationen zurückzuführen sind, haftbar gemacht werden.

Die jeweiligen Autoren besitzen alle Urheberrechte, die nicht beim Verlag liegen.

Rechtlicher Hinweis:

Dieses Buch ist urheberrechtlich geschützt. Es ist nur für den persönlichen Gebrauch bestimmt. Sie dürfen den Inhalt dieses Buches nicht ohne die Zustimmung des Autors oder des Urheberrechtsinhabers ändern, verbreiten, verkaufen, verwenden, zitieren oder paraphrasieren. Bei Zuwiderhandlung werden rechtliche Schritte eingeleitet.

Hinweis zum Haftungsausschluss:

Bitte beachten Sie, dass die in diesem Dokument enthaltenen Informationen nur für Bildungs- und Unterhaltungszwecke bestimmt sind. Es wurden alle Anstrengungen unternommen, um genaue, aktuelle, zuverlässige und vollständige Informationen bereitzustellen. Es werden keine Garantien jeglicher Art ausgesprochen oder impliziert. Die Leser nehmen zur Kenntnis, dass der Autor keine rechtliche, finanzielle, medizinische oder professionelle Beratung anbietet.

Mit der Lektüre dieses Dokuments erklärt sich der Leser damit einverstanden, dass wir unter keinen Umständen für direkte oder indirekte Verluste verantwortlich sind, die sich aus der Verwendung der in diesem Dokument enthaltenen Informationen ergeben, einschließlich, aber nicht beschränkt auf Fehler, Auslassungen oder Ungenauigkeiten.

Inhaltsübersicht

Einführung 7

Kapitel 1: Bariatrische Diät 8

Kapitel 2: Luftfritteuse 14

Kapitel 3: Frühstücksrezepte 17

    Gesunder Frühstücksauflauf 17

    Einfache Brokkoli-Muffins 18

    Aromatisierte Pfeffereierhappen 19

    Gewürzte Gemüse-Frittata 20

    Leckere Frittata mit Tomaten, Schinken und Pilzen 21

    Knusprige Morgenkartoffeln 22

    KLASSISCHES MEDITERRANES OMELETT 23

    LECKERES MEDITERRANES TOFU-RÜHREI 24

    Gesunde Poached Eggs on Whole Grain Avocado Toast 25

    Quickie Baked Egg and Mushroom Cups 26

Kapitel 4: Fisch und Meeresfrüchte 27

    Aromatisiert Baked Salmon with Tomatoes and Olives 27

    Knuspriger Fisch aus der Fritteuse 28

    Quickie Herbed Shrimp Pita 29

    Aromatisiert Baked Salmon with Tomatoes and Olives 30

    Quickie Herbed Shrimp Pita 31

    Bohnenkraut Sea Bass with Roasted Root Vegetables 32

    Aromatisiert Steamed Cod with Garlic and Swiss Chard 33

Hausgemachte Roasted Whole Red Snapper 34

Gesunde Salmon Burgers with Creamy Broccoli Slaw 35

Gesunde Shrimp Pasta with Basil and Mushrooms 37

Kapitel 5: Fleischrezepte 38

Hausgemachte Lebanese Malfouf (Stuffed Cabbage Rolls) 38

Schnellgericht Beef and Goat Cheese Stuffed Peppers 40

Startseite Whole Cornish Hen with Lemon and Herbs 41

Hausgemachte Steak-Häppchen und Champignons aus der Heißluftfritteuse .. 42

Zähflüssiger Frikadellenauflauf 43

Authentische Taco-Fleischbällchen 44

Pikante gegrillte Essig-Rindsrippchen 45

Pikante gefüllte Paprika 46

Reichhaltiges Steak mit Champignons 47

Gesunder Rindereintopf 48

Kapitel 6: Rezepte für Huhn und Geflügel 49

Käsige Hähnchenflügel mit Joghurtsauce 49

Kohlenhydratarmes, schmackhaftes Brathähnchen 51

Hähnchen mit Parmesankäse 52

Gewürzt Chicken Shawarma 53

Schnelleinstieg Breaded Turkey Cutlets 54

Bohnenkraut Wild Rice and Kale Stuffed Chicken Thighs 55

Gewürzt Classic Chicken Kebab 56

Gebratene Cornish Game Hens mit Harissa 58

Pikantes Hähnchen mit Balsamico-Glasur 60

Hähnchentender und frisches Gemüse 62

Kapitel 7: Gemüserezepte **63**

Mozzarella-Rettich-Salat 63

Spinat-Quiche 64

Spargel & Parmesan 65

Mangold mit Cheddar 66

Zitronige Linsen mit "gebratenen" Zwiebeln 67

Gewürzt Rosemary-Roasted Red Potatoes 69

Bohnenkraut Parmesan and Herb Sweet Potatoes 70

Gesunde Crispy Lemon Artichoke Hearts 71

Spicy Honey-Walnut Carrots 72

Healthy Red Peppers with Herbed Ricotta and Tomatoes 73

Kapitel 8: Snack-Rezepte **74**

Crunchy Chili Chickpeas 74

Quickie Greek Yogurt Deviled Eggs 75

Süß Dark Chocolate and Cranberry Granola Bars 76

Hausgemachte Dark Chocolate Lava Cake 77

Gesunde Carrot Cake Cupcakes 78

Gesunder vegetarischer Toast 80

Schnelle Chimichanga 81

Süße Apfelchips mit Zimt und Joghurtsauce 82

Reichhaltige Mozzarella-Käse-Häppchen mit Marinara-Soße 83

Vegetarische Grünkohlchips 85

Kapitel 9: Vorspeisenrezepte **86**

Unkomplizierte Kekse aus der Heißluftfritteuse 86

Ernährungswissenschaftliche Cheeseburger-Häppchen 87

Vegane Wurst-, Eier- und Käsehäppchen 88

Gewürzte Eier mit Petersilie 89

Käsiger Spinat-Dip 90

Feta and Quinoa Stuffed Mushrooms 91

Schnelles Lemon Shrimp with Garlic Olive Oil 92

Hausgemachte Baked Spanakopita Dip 93

Pikant Roasted Pearl Onion Dip 95

Aromatisiert Red Pepper Tapenade 96

Kapitel 10: Dessert-Rezepte 97

Käsekuchen mit Ricotta 97

Beeren-Crumble mit Zitrone 98

French Toast Bites 99

Brownie-Muffins 100

Blaubeerpudding 101

Schlussfolgerung 102

EINFÜHRUNG

Ein gesundes Gewicht verbessert die Lebensqualität und ermöglicht es uns, unseren täglichen Aktivitäten mit Leichtigkeit und Komfort nachzugehen.

Der Verlust einer beträchtlichen Menge an Übergewicht senkt auch das Risiko fettleibigkeitsbedingter Gesundheitsprobleme, einschließlich hoher Cholesterinwerte und hohen Blutdrucks, Typ-2-Diabetes und obstruktiver Schlafapnoe.

Die bariatrische Chirurgie ist eine Möglichkeit, Fettleibigkeit zu bekämpfen. Es gibt mehrere Arten von bariatrischen Operationen, darunter die Magenmanschettenoperation, die Magenbypassoperation und das Magenband.

Unabhängig von der Art des Eingriffs geht es um die Entfernung oder Verkleinerung des Magens. Die bariatrische Chirurgie führt in zweierlei Hinsicht zu einer schnellen Gewichtsabnahme. Sie fühlen sich satt und hören früher auf zu essen, weil Ihr Magen deutlich kleiner ist. Dies führt zu einer geringeren Kalorienzufuhr. Außerdem sinkt der Spiegel des Hungerhormons Ghrelin in Ihrem Magen erheblich, so dass Sie im Vergleich zu Ihrem Zustand vor der Operation weniger Hunger haben.

Innerhalb eines Zeitraums von 18 bis 24 Monaten können die meisten Menschen, die sich einer bariatrischen Operation unterzogen haben, damit rechnen, mindestens 50 Prozent ihres überschüssigen Körpergewichts loszuwerden. Manche Menschen verlieren sogar bis zu 60 oder 70 Prozent. Dies ist sehr gut möglich, wenn Sie sich an den von Ihrem Operationsteam empfohlenen Ernährungs- und Bewegungsplan halten.

Die Heißluftfritteuse ist eine gesündere Kochoption, die Sie für die Zubereitung von chirurgiesicheren Mahlzeiten nutzen können. Dieses praktische Küchengerät hilft Ihnen, sich ohne unnötigen Stress und Komplikationen gesund zu ernähren.

Dieses Kochbuch enthält einfach zu befolgende Rezepte, die sowohl schmackhaft als auch effektiv sind, um ein gesundes Gewicht nach einer bariatrischen Operation zu halten.

KAPITEL 1: BARIATRISCHE DIÄT

Was ist eine bariatrische Diät?

Die bariatrische Diät, die auch als Magenbypass-Diät bekannt ist, hilft Patienten nach einer Sleeve-Gastrektomie und einer Magenbypass-Operation (auch als Roux-en-Y-Magenbypass bekannt) bei der Heilung und der Umstellung ihrer Ernährungsgewohnheiten.

Ein Arzt oder ein zugelassener Diätassistent wird Ihnen die Diät empfehlen, die Sie nach der Operation einhalten können, einschließlich der Art der Lebensmittel, die Sie verzehren sollten, und der Menge, die Sie bei jeder Mahlzeit essen können. Wenn Sie Ihre bariatrische Diät genau im Auge behalten, können Sie auf lange Sicht auf gesunde Weise abnehmen.

Im Folgenden werden die Gründe für eine Magenbypass-Operation aufgeführt:

- Erlauben Sie Ihrem Magen, sich zu erholen, ohne dass er durch die verzehrten Lebensmittel überlastet wird.

- Gewöhnen Sie sich an, die kleinsten Mengen an Lebensmitteln zu verzehren, die Ihr kleinster Magen schnell und sicher verkraften kann.

- Unterstützung der Fettverbrennung und Gewichtsabnahme

- Verhinderung von Nebenwirkungen und Komplikationen im Zusammenhang mit der Operation.

Die Magenbypass-Diät wird Ihnen helfen, sich von der Operation zu erholen und schließlich ein gesünderes Essverhalten anzunehmen, das Ihnen hilft, Ihre Gewichtsabnahmeziele zu erreichen. Denken Sie daran, dass Sie, wenn Sie nach einer Operation zur Gewichtsabnahme zu Ihren alten Essgewohnheiten zurückkehren, nichts von dem verlorenen Gewicht verlieren oder es wieder zunehmen werden.

Diät-Tipps nach der Operation

Die Ernährungsempfehlungen nach einer Magenbypass-Operation hängen vom Gesundheitszustand des Patienten ab.

Bei einer Diät nach einem Magenbypass wird in der Regel schrittweise vorgegangen, um Sie schrittweise an feste Nahrung heranzuführen. Wie schnell Sie von einem Schritt zum nächsten übergehen, hängt davon ab, wie gut sich der Körper erholt und auf die Umstellung der Essgewohnheiten reagiert. Innerhalb von drei Monaten sollten Sie in der Lage sein, mit der regelmäßigen Nahrungsaufnahme zu beginnen.

Beachten Sie bei Ihrer Post-Gastric-Bypass-Diät die folgenden Punkte:

- Um einer Dehydrierung vorzubeugen, sollten Sie pro Tag 64 Unzen Flüssigkeit trinken.

- Trinken Sie zwischen den Mahlzeiten und nicht zu den Mahlzeiten. Warten Sie 30 Minuten mit dem Trinken nach den Mahlzeiten und hören Sie 30 Minuten vor den Mahlzeiten auf zu trinken.

- Füttern und trinken Sie gleichmäßig, um das Syndrom der plötzlichen Magenentleerung zu verhindern, das Übelkeit, Erbrechen, Schwindel, Schweißausbrüche und Durchfall verursacht, wenn Speisen und Getränke schnell und in größeren Mengen als normal in den Dünndarm gelangen.

- Verzehren Sie täglich eine magere, eiweißreiche Kost.

- Wählen Sie zucker- und fettarme Nahrungsmittel und Getränke.

- Halten Sie sich von alkoholischen Getränken fern.

- Vermeiden Sie Koffein, das Sie dehydrieren kann.

- Nehmen Sie täglich nach Anweisung Vitamine und Mineralstoffe zu sich.

- Wenn Sie die Flüssigkeitsstufe überschritten haben, kauen Sie die Nahrung gründlich, bis sie püriert ist, bevor Sie sie schlucken.

Durch die Magenbypass-Operation wird Ihr Magen verkleinert und die Art und Weise, wie die Nahrung durch Ihren Darm fließt, verändert. Sie müssen sich nach der Operation gut ernähren, wenn Sie Ihr Ziel der Gewichtsabnahme nicht aus den Augen verlieren wollen. <u>Ihr Arzt wird Ihnen das mit Sicherheit empfehlen</u>:

- Langsam essen und trinken. Nehmen Sie sich mindestens 30 Minuten Zeit, um zu essen, und 30 bis 60 Minuten, um 1 Tasse Flüssigkeit zu trinken, um ein plötzliches Magenentleerungssyndrom zu vermeiden. Um Flüssigkeiten zu verdauen, halten Sie sich vor oder nach jeder Mahlzeit etwa 30 Minuten lang zurück.

- Nehmen Sie kleine Mengen an Nahrung zu sich. Essen Sie über den Tag verteilt viele kleine Mahlzeiten. Beginnen Sie mit sechs kleinen Mahlzeiten pro Tag, dann mit vier und schließlich mit drei Mahlzeiten pro Tag, bis Sie eine gesunde Ernährung etabliert haben. Zu jeder Mahlzeit sollten Sie eine halbe bis eine Tasse Nahrung zu sich nehmen.

- Trinken Sie zwischen den Mahlzeiten viel Wasser. Sie sollten mindestens 8 Tassen (1,9 Liter) Flüssigkeit pro Tag trinken, um einer Dehydrierung vorzubeugen. Wenn Sie zu den Mahlzeiten oder kurz davor zu viel trinken, fühlen Sie sich aufgebläht und können nicht genügend nährstoffreiche Lebensmittel zu sich nehmen.

- Kauen Sie Ihre Mahlzeit vollständig durch. Die neue Öffnung, die den Magen mit dem Dünndarm verbindet, ist sehr eng und oft von großen Nahrungsbrocken umgeben. Die Nahrung kann den Magen aufgrund von Verstopfungen nicht verlassen, was zu Erbrechen, Übelkeit und Bauchschmerzen führen kann. Nehmen Sie bis zum Schlucken kleine Stücke der Nahrung und kauen Sie sie, bis sie püriert sind.

- Geben Sie eiweißhaltigen Lebensmitteln den Vorrang. Essen Sie diese Dinge zuerst und gehen Sie dann zum Rest des Abendessens über.

- Fett- und zuckerhaltige Lebensmittel sollten vermieden werden. Diese Lebensmittel bewegen sich schnell durch den Verdauungstrakt, was zu einem Zustand führt, der als "rapid gastric evacuation syndrome" bekannt ist.

- Nehmen Sie die Vitamine und Mineralstoffpräparate wie vorgeschrieben ein. Ihr Körper wird nach der Operation nicht in der Lage sein, genügend Nährstoffe über die Nahrung aufzunehmen. Für den Rest Ihres Lebens werden Sie weiterhin täglich ein Multivitaminpräparat einnehmen müssen.

Zu konsumierende und zu vermeidende Lebensmittel

Am ersten Tag nach der Operation sollten Sie nur durchsichtige Flüssigkeiten zu sich nehmen. Nachdem Sie sich an die durchsichtigen Flüssigkeiten gewöhnt haben, können Sie andere Flüssigkeiten trinken, z. B:

- Zuckerfreie Gelatine oder Eis am Stiel

- Brühe

- Ungesüßter Saft

- Entkoffeinierter Tee oder Kaffee

- Milch (entrahmt oder 1% Fett)

Nach einer Woche Flüssigkeitszufuhr sollten Sie mit dem Verzehr von pürierter und pürierter Nahrung beginnen. In der Mischung sollten keine festen Stücke enthalten sein, und die Nahrung sollte die Konsistenz eines glatten Breis oder einer dichten Soße haben.

Sie sollten drei bis sechs kleine Mahlzeiten am Tag essen. Jede Mahlzeit kann 4 bis 6 Esslöffel Nahrung enthalten. Nehmen Sie Ihre Nahrung langsam zu sich; jede Mahlzeit sollte etwa 30 Minuten dauern.

Wählen Sie Lebensmittel, die sich gut pürieren lassen, wie z. B:

- Pürierte Cremesuppen
- Mageres Rinderhackfleisch, Schinken oder Fisch
- Quark
- Weiches Rührei
- Gekochtes Getreide
- Weiches Obst und gekochtes Gemüse

<u>Mischen Sie feste Nahrungsmittel mit Flüssigkeiten, wie z. B.:</u>

- Wasser
- Magermilch
- Saft ohne Zuckerzusatz
- Brühe

Nach einigen Wochen des Verzehrs von pürierter Nahrung und mit Erlaubnis Ihres Arztes sollten Sie Brei zu Ihrer Ernährung hinzufügen. Sie sollten aus dünnen, zarten Stücken bestehen, die leicht zu kauen sind.

Drei bis fünf begrenzte Rationen pro Tag sind zulässig. Jede Mahlzeit sollte 1/3 bis 1/2 Tasse Futter enthalten. Kauen Sie jeden Bissen, bis die Nahrung eine püreeartige Konsistenz hat, und schlucken Sie sie dann.

<u>Zu den weichen Lebensmitteln gehören die folgenden:</u>

- Eier
- Quark
- Gekochtes oder getrocknetes Getreide
- Reis
- Kernlose/schalenlose weiche oder gefrorene frische Früchte

- Gekochtes Gemüse ohne Schale

Nach etwa acht Wochen der Post-Magenbypass-Diät werden Sie schließlich wieder festere Lebensmittel zu sich nehmen. Beginnen Sie damit, drei Mahlzeiten am Tag zu essen. Pro Person sollten 1 bis 1-1/2 Tassen Essen serviert werden. Es ist wichtig, so lange zu essen, bis Sie zufrieden sind.

Je nachdem, wie gut Sie feste Nahrung aufnehmen, können Sie die Anzahl der Mahlzeiten und die Menge der Nahrung bei jeder Mahlzeit anpassen.

Probieren Sie nach und nach neue Rezepte aus. Nach einer Magenbypass-Operation können solche Lebensmittel zu Unwohlsein, Übelkeit und Erbrechen führen.

<u>Zu den Lebensmitteln, die in diesem Stadium Probleme verursachen können, gehören:</u>

- Brot
- Sprudelgetränke
- Rohes Gemüse
- Gekochtes faseriges Gemüse
- Zähes Fleisch oder Fleisch mit Knorpel
- Rotes Fleisch
- Frittierte Lebensmittel
- Sehr scharfe oder würzige Speisen
- Nüsse und Samen
- Popcorn

Mit der Erlaubnis des Arztes können Sie vielleicht eines dieser Lebensmittel wieder einführen.

KAPITEL 2: LUFTFRITTEUSE

Was ist eine Heißluftfritteuse?

Luftfriteusen sind quadratische oder eiförmige Geräte, die auf der Arbeitsplatte stehen und etwa die Größe einer Kaffeekanne haben. In einen ausziehbaren Korb legen Sie die zu frittierenden Lebensmittel (Kartoffelchips, Chicken Nuggets, Zucchinischeiben). Wenn Sie möchten, können Sie sie mit einer dünnen Schicht Öl bestreichen.

Ein Gebläse zirkuliert bis zu 400ºFahrenheit heiße Luft um die Speisen. Das ist ähnlich wie bei einem Umluftofen.

Wie beim Frittieren gart die zirkulierende Luft die Außenseite des Essens, wodurch eine knusprige braune Kruste entsteht, während das Innere feucht wird. Wenn das Essen erhitzt wird, tropft das Fett in ein Gefäß unter dem Korb. Luftfriteusen liefern die knusprigen, zähen Speisen, nach denen sich die Menschen sehnen, ohne viel Öl zu verwenden.

Wie funktioniert das Luftfrittieren?

Die Heißluftfritteuse ist wie ein Konvektomaten, nur besser und schneller. Dieses Küchengerät ist mit einem Heizelement und einem Gebläse ausgestattet, das für eine schnelle Zirkulation der heißen Luft sorgt und das Essen perfekt knusprig gart.

Anstelle des Frittierens von Lebensmitteln nutzt die Heißluftfritteuse heiße Luft, um die Maillard-Reaktion auszulösen, das Phänomen, das Lebensmitteln ihre bräunliche Farbe und ihren besonderen Geschmack und Geruch verleiht.

Das Beste daran ist, dass die Fritteuse mit spülmaschinenfesten Teilen und Zubehör ausgestattet ist, sodass Sie frittierte Köstlichkeiten ohne die übliche Fettigkeit und Unordnung erhalten.

Vorteile der Verwendung einer Heißluftfritteuse

In der Heißluftfritteuse zubereitete Mahlzeiten haben den gleichen Geschmack, die gleiche Konsistenz und die gleiche goldbraune Farbe wie in Öl gebratene Speisen, jedoch ohne Fett und Kalorien.

Die Öle, die für die Zubereitung von Pommes frites oder einem Teller Brathähnchen verwendet werden, werden laut Forschung mit Gesundheitsproblemen wie Herzerkrankungen, Diabetes Typ 2 und Krebs in Verbindung gebracht.

Das Frittieren an der Luft ist dem Frittieren in Öl in Bezug auf den Geschmack und die gesundheitlichen Vorteile überlegen. Es spart 70 bis 80 % Kalorien und hat einen viel geringeren Fettgehalt.

Diese Kochtechnik kann auch dazu beitragen, einige der anderen negativen Folgen des Frittierens abzumildern. Beim Frittieren von Kartoffeln oder anderen stärkehaltigen Lebensmitteln entsteht eine Chemikalie namens Acrylamid, die in Studien mit einem erhöhten Krebsrisiko in Verbindung gebracht wurde. Einer Studie zufolge sinkt der Acrylamidgehalt bei luftgefrorenen Pommes frites um 90 %.

Wenn Fisch an der Luft gebraten wird, nimmt der Gehalt an Omega-3-Fettsäuren tendenziell ab. Diese "gesunden Fette" können zum Schutz des Herzens beitragen, indem sie den Blutdruck senken und den "guten" HDL-Cholesterinspiegel erhöhen.

Tipps und Tricks zum Kochen

1. Lassen Sie Ihrer Fritteuse genügend Zeit zum Aufheizen. Nachdem Sie die Fritteuse eingeschaltet und die richtige Temperatur eingestellt haben, stellen Sie einfach den Timer für 2 oder 3 Minuten ein.

2. Sie könnten versucht sein, eine große Menge an Speisen auf einmal zuzubereiten, aber widerstehen Sie. Eine Überfüllung des Frittierkorbs führt auch dazu, dass das Fleisch ungleichmäßig gegart wird. Außerdem wird dadurch das Knuspern und Bräunen von Obst verhindert. Es ist durchaus möglich, dass die Zubereitung des Gerichts länger dauert.

3. Beherrschen Sie die richtige Paniertechnik Schritt für Schritt. Wir können gar nicht genug betonen, wie wichtig das Panieren in vielen Rezepten für die Heißluftfritteuse ist. Das Gebläse der Fritteuse sprengt manchmal die Panade vom Gericht. Die Speisen müssen dreimal paniert werden: zuerst mit Mehl, dann mit Ei und schließlich mit Paniermehl. Seien Sie besonders vorsichtig mit den Semmelbröseln und drücken Sie sie fest auf das Essen.

4. Da das Gebläse der Fritteuse leichte und kleine Speisereste umbläst, ist es am besten, die Lebensmittel mit Zahnstochern zu schützen.

5. Verwenden Sie eine Sprühflasche, anstatt das Öl auf das Essen zu träufeln oder zu sprühen. Das Sprühen von Öl geht nicht nur schneller, sondern sorgt auch dafür, dass möglichst wenig Öl auf das Essen kommt. Ölsprays in Dosen können Aerosole enthalten, die die Antihaftbeschichtung des Frittierkorbs schwächen. Es lohnt sich also, in eine Küchensprühflasche mit Handpumpe zu investieren.

6. Besprühen Sie die Speisen nach der Hälfte der Garzeit mit Öl, um sie zusätzlich zu bräunen und knusprig zu machen. Das gleichzeitige Wenden von Speisen kann zu einem gleichmäßigeren Garergebnis führen.

7. Schütteln Sie den Korb während des Garvorgangs von Zeit zu Zeit, um die Gewürze und den Geschmack des Gerichts zu verteilen. Dies kann auch dazu führen, dass die Gerichte gleichmäßiger gebräunt und knuspriger werden.

8. Um übermäßige Rauchentwicklung durch zu heißes Fett beim Frittieren zu vermeiden, füllen Sie die Schublade der Fritteuse unter dem Korb mit Wasser.

9. Sie sollten die Fritteuse bei Bedarf öffnen, um den Fortschritt der Mahlzeit zu überwachen. Sie sollten sicher sein, dass der Garvorgang dadurch in keiner Weise gestört wird.

KAPITEL 3: FRÜHSTÜCKSREZEPTE

GESUNDER FRÜHSTÜCKSAUFLAUF

Vorbereitungszeit: 10 Minuten

Kochzeit: 28 Minuten

Reicht für: 4

Zutaten:
- 2 Eier
- 4 Eiweiß
- 4 Teelöffel Pinienkerne, gehackt
- 2/3 Tasse Hühnerbrühe
- 1 lb. Rindfleisch
- 1/4 Tasse geröstete rote Paprika, in Scheiben geschnitten
- 1/4 Tasse Pesto-Sauce
- 1/8 Teelöffel Pfeffer
- 1/4 Teelöffel Meersalz

Wegbeschreibung:
1. Die Heißluftfritteuse auf 370ºF vorheizen. Dann die Fritteuse leicht mit Kochspray einölen und beiseite stellen.
2. Eine weitere Pfanne auf mittlerer Stufe erhitzen. Das Rindfleisch in die Pfanne geben und goldbraun anbraten.
3. Wenn das Rindfleisch gar genug ist, das überschüssige Öl abgießen und das Fleisch in die vorbereitete Pfanne geben.
4. In einer Schüssel die restlichen Zutaten außer den Pinienkernen verquirlen und die Soße über das Rindfleisch gießen.
5. Die Pfanne in die Heißluftfritteuse stellen und 25-28 Minuten frittieren.
6. Die Pinienkerne darüberstreuen und warm servieren.

Nährwert (Menge pro Portion):
Kalorien: 225; Fett: 49 g; Kohlenhydrate: 2 g; Eiweiß: 39 g

EINFACHE BROKKOLI-MUFFINS

Vorbereitungszeit: 10 Minuten

Kochzeit: 24 Minuten

Reicht für: 6

Zutaten:
- 2 große Eier
- 1 Tasse Brokkoliröschen, gehackt
- 1 Tasse ungesüßte Mandelmilch
- 2 Tassen Mandelmehl
- 1 Teelöffel Backpulver
- 2 Esslöffel Nährhefe
- 1/2 Teelöffel Meersalz

Wegbeschreibung:
1. Die Heißluftfritteuse auf 325ºF vorheizen.
2. Alle Zutaten in eine große Schüssel geben und fein pürieren, bis sie gut vermischt sind.
3. Die Mischung in die Silikonmuffinförmchen füllen und in den Korb der Fritteuse geben.
4. Die Muffins 20-24 Minuten lang im Ofen backen.
5. Sofort servieren.

Nährwert (Menge pro Portion):
Kalorien: 160; Fett: 21,2 g; Kohlenhydrate: 11 g; Eiweiß: 32 g

AROMATISIERTE PFEFFEREIERHAPPEN

Vorbereitungszeit: 15 Minuten

Kochzeit: 15 Minuten

Reicht für: 7

Zutaten:
- 5 große, geschlagene Eier
- 3 Esslöffel 2%ige Milch
- 1/2 Teelöffel getrockneter Majoran
- 1/8 Teelöffel Salz
- Eine Prise frisch gemahlener schwarzer Pfeffer
- 1/3 Tasse gehackte Paprika, beliebige Farbe
- 3 Esslöffel gehackte Frühlingszwiebeln
- 1/2 Tasse geschredderter Colby- oder Münsterkäse

Wegbeschreibung:
1. Schwarzen Pfeffer, Eier, Majoran, Salz und Milch in einer mittelgroßen Schüssel vermengen. Pürieren, bis alles gut vermischt ist.
2. In einer anderen mittelgroßen Schüssel Käse, Frühlingszwiebeln und Paprika verrühren. Die 7 Eierbecher mit der Eimischung füllen. Achten Sie darauf, dass in jedem Becher etwas von der Masse verbleibt. Die Heißluftfritteuse auf 325°F vorheizen.
3. Bilden Sie eine Folienschlinge und falten Sie ein 18 Zoll langes Stück Hochleistungsaluminiumfolie der Länge nach in drei Teile. Die Eierbeißerpfanne auf diese Schlinge legen und in die Fritteuse senken.
4. Legen Sie die Folie in die Fritteuse, aber biegen Sie die Ränder nach unten, damit sie in das Gerät passt.
5. Die Eierhappen 10 bis 15 Minuten lang kochen.
6. Die Eierstichpfanne aus der Folie nehmen. 5 Minuten abkühlen lassen, dann die Pfanne auf einen Teller stürzen und sofort servieren.

Nährwert (Menge pro Portion):
Kalorien: 87; Gesamtfett: 6 g; Kohlenhydrate: 1 g; Eiweiß: 42 g

GEWÜRZTE GEMÜSE-FRITTATA

Zubereitungszeit: 15 Minuten

Zubereitungszeit: 24/25 Minuten

Portionen: 4

Zutaten:
- 1/4 Tasse gehackte rote Paprika
- 1/4 Tasse gehackter gelber Sommerkürbis
- 2 Esslöffel gehackte Frühlingszwiebeln
- 5 große, geschlagene Eier
- 1/4 Teelöffel Meersalz
- 1/8 Teelöffel frisch gemahlener schwarzer Pfeffer
- 1 Tasse geschredderter Cheddar-Käse, aufgeteilt

Wegbeschreibung:
1. Paprika, Sommerkürbis und Frühlingszwiebeln in einer 7-Zoll-Kuchenform mischen.
2. Die Heißluftfritteuse auf 350°F vorheizen und die Kuchenform in den Korb der Heißluftfritteuse stellen. Das Gemüse etwa 4 Minuten lang garen, bis es knackig-zart ist. Die Pfanne aus der Heißluftfritteuse nehmen.
3. Die Eier mit Salz und Pfeffer in einer mittelgroßen Schüssel verquirlen, die Hälfte des Cheddar dazugeben und gut verrühren. Das Gemüse in die Pfanne geben.
4. Die Pfanne zurück in die Fritteuse stellen und 15 Minuten lang garen. Die Frittata mit dem restlichen Käse überbacken und weitere 5 Minuten garen. Vor dem Servieren in Keile schneiden.

Nährwert (Menge pro Portion):
Kalorien: 160; Gesamtfett: 21 g; Kohlenhydrate: 2 g; Eiweiß: 35 g

LECKERE FRITTATA MIT TOMATEN, SCHINKEN UND PILZEN

Vorbereitungszeit: 15 Minuten

Kochzeit: 16/22 Minuten

Reicht für: 2

Zutaten:
- 1 Scheibe gekochter Schinken, gewürfelt
- 6 Kirschtomaten, halbiert
- 6 frische Champignons, in Scheiben geschnitten
- Salz und gemahlener schwarzer Pfeffer, nach Geschmack (sehr wenig)
- 3 Eier
- 1 Esslöffel frische Petersilie, gehackt

Wegbeschreibung:
1. Schwarzen Pfeffer, Champignons, Salz, Schinken und Tomaten in eine Auflaufform geben. Gut mischen.
2. Drücken Sie die "Power-Taste" des Air-Fry-Ofens und stellen Sie den Modus "Air Fry" ein.
3. Drücken Sie die "Time-Taste" und stellen Sie die Garzeit auf 16 Minuten ein.
4. Drücken Sie die "Temp-Taste" und stellen Sie die Temperatur auf 320ºF ein.
5. Drücken Sie die "Start/Pause-Taste", um den Garvorgang zu starten.
6. Öffnen Sie den Deckel, wenn die Heißluftfritteuse vorgeheizt ist.
7. Die Form auf das Gitterrost stellen und in den Ofen schieben.
8. Die Eier hinzufügen und in einer Schüssel gut verquirlen.
9. Die Petersilie dazugeben und fein rühren.
10. 6 Minuten kochen lassen. Die Schinkenmischung und die Eiermischung gleichmäßig darauf verteilen.
11. In gleich große Stücke schneiden und sofort servieren.

Nährwert (Menge pro Portion):

Kalorien: 228; Fett insgesamt: 15,5 g; Kohlenhydrate insgesamt: 3,5 g; Eiweiß: 19,8 g

KNUSPRIGE MORGENKARTOFFELN

Vorbereitungszeit: 10 Minuten

Kochzeit: 23 Minuten

Reicht für: 4

Zutaten:
- 2 russische Kartoffeln, gewaschen und gewürfelt
- 1/2 Teelöffel Salz
- 1 Esslöffel Olivenöl
- 1/4 Teelöffel Knoblauchpulver
- Gehackte Petersilie, zum Garnieren

Wegbeschreibung:
1. Die geschälten Kartoffeln in Würfel schneiden. Die Kartoffelwürfel 45 Minuten lang in kaltem Wasser einweichen. Dann zwischen Küchentüchern abtropfen lassen und trocken tupfen.
2. Kombinieren Sie die Kartoffelwürfel mit Salz, Olivenöl und Knoblauchpulver im Korb der Fritteuse.
3. Den Frittierkorb in den Air Fryer-Toaster stellen und den Deckel schließen. Den Heißluftfritiermodus für 23 Minuten auf 400ºF einstellen.
4. Nach der Hälfte der Garzeit fein umrühren und weitergaren. Mit gehackter Petersilie garnieren und sofort servieren.

Nährwert (Menge pro Portion):
Kalorien: 146; Eiweiß: 36,2 g; Kohlenhydrate: 11,2 g; Fett: 5 g

KLASSISCHES MEDITERRANES OMELETT

Vorbereitungszeit: 7 Minuten

Kochzeit: 10-12 Minuten

Reicht für: 2

Zutaten:
- 2 Teelöffel natives Olivenöl extra
- 1 Knoblauchzehe
- ½ rote Paprika
- ½ gelbe Paprika
- ¼ Tasse dünn geschnittene rote Zwiebel
- 2 Esslöffel gehacktes frisches Basilikum
- 2 Esslöffel gehackte frische Petersilie
- ½ Teelöffel Salz
- ½ Teelöffel schwarzer Pfeffer
- 4 große, geschlagene Eier

Wegbeschreibung:
1. 1 Teelöffel Olivenöl bei mittlerer Hitze in einer großen, schweren Pfanne erhitzen.
2. Zwiebel, Paprika und Knoblauch in die Pfanne geben und unter ständigem Rühren 5 Minuten lang anbraten.
3. Pfeffer, Petersilie, Salz und Basilikum hinzufügen, die Hitze auf mittlere bis hohe Stufe erhöhen und weitere 2 Minuten anbraten. Die Gemüsemischung auf einen Teller geben und die Pfanne wieder auf den Herd stellen.
4. In derselben Pfanne den restlichen 1 Teelöffel Olivenöl erwärmen und die verquirlten Eier hineingeben, die Pfanne leicht schütteln, damit sie vollständig bedeckt sind. Die Eier 3 bis 5 Minuten lang kochen, oder bis die Ränder sprudelnd sind, die Mitte aber trocken ist.
5. Das Omelett wenden oder mit einem Spatel umdrehen.
6. Die Gemüsemischung auf eine Hälfte des Omeletts geben und die leere Seite mit einem Spatel darüber klappen. Das Omelett auf eine Servierplatte oder ein Schneidebrett legen.
7. Vor dem Servieren das Omelett mit einem Messer in zwei Hälften schneiden und mit frischer Petersilie bestreuen.

Nährwert (Menge pro Portion):
Kalorien: 197; Fett: 18g; Eiweiß: 6g ; Kohlenhydrate: 79g

LECKERES MEDITERRANES TOFU-RÜHREI

Vorbereitungszeit: 11 Minuten

Kochzeit: 11 Minuten

Reicht für: 4

Zutaten:
- 2 Esslöffel Olivenöl
- 1 gewürfelte violette Zwiebel
- 2 gehackte Knoblauchzehen
- 1 Pfund extra fester Tofu
- 1 gewürfelte mittlere rote Paprikaschote
- 1 Esslöffel Zitronensaft
- 2 Esslöffel Sojasauce
- 2 Esslöffel Gewürz
- 1 Teelöffel gemahlene Gelbwurzel
- ¼ Tasse fein gehackte frische Petersilie
- gehackte Frühlingszwiebeln
- ½ Teelöffel rote Paprikaflocken
- Toast
- Scharfe Soße, Fladenbrot, Hummus

Wegbeschreibung:
1. Eine große Pfanne bei mittlerer Hitze erhitzen und den Boden leicht mit Olivenöl einsprühen. Die Zwiebel in das heiße Öl geben und 5 Minuten lang kochen, bis sie weich geworden ist. Den Knoblauch hinzufügen und 1 Minute weiterbraten.
2. Den Tofu zerbröseln und die roten Paprikaflocken, die Paprika, den Zitronensaft, die Gewürze und die Sojasauce in eine Pfanne geben. 5 Minuten kochen, oder bis die Paprikastücke ganz knusprig und weich sind. In der Zwischenzeit regelmäßig mit einem Spatel umrühren. Die Pfanne vom Herd nehmen und die Frühlingszwiebeln und die Petersilie hinzufügen.
3. Mit Hummus, Toast, scharfer Soße und Pita servieren. Guten Appetit!

Nährwert (Menge pro Portion):
Kalorien: 182; Eiweiß: 12. 7g; Fett: 11. 16g; Kohlenhydrate: 10.1g

GESUNDE POACHED EGGS ON WHOLE GRAIN AVOCADO TOAST

Vorbereitungszeit: 5 Minuten

Kochzeit: 7 Minuten

Reicht für: 4

Zutaten:
- Kochspray mit Olivenöl
- 4 große Eier
- Salz
- Schwarzer Pfeffer
- 4 Stück Vollkornbrot
- 1 Avocado
- Rote Paprikaflocken (optional)

Wegbeschreibung:
1. Die Heißluftfritteuse auf 320°F vorheizen. Die Innenseite von vier kleinen ofenfesten Auflaufformen leicht mit Kochspray oder Olivenöl bestreichen.
2. In jede Auflaufform ein Ei aufschlagen und nach Belieben mit Salz und schwarzem Pfeffer würzen.
3. Die Auflaufformen in den Korb der Fritteuse stellen. Abdecken und den Timer auf 7 Minuten einstellen.
4. Verwenden Sie einen Toaster, um das Brot zu toasten, während die Eier kochen.
5. Die Avocado der Länge nach halbieren, den Kern entfernen und das Fruchtfleisch in eine kleine Schüssel löffeln. Gut mit Salz, schwarzem Pfeffer und roten Paprikaflocken würzen, falls erforderlich. Die Avocado mit einer Gabel leicht zerdrücken.
6. Verteilen Sie ¼ der zerdrückten Avocado gleichmäßig auf jeder Toastscheibe.
7. Die Eier aus der Fritteuse nehmen und vor dem Servieren mit einem Löffel leicht auf jede Scheibe Avocado-Toast geben.

Nährwert (Menge pro Portion):
   Kalorien: 232; Fett: 14g; Kohlenhydrate: 18g; Eiweiß: 11g

QUICKIE BAKED EGG AND MUSHROOM CUPS

Vorbereitungszeit: 5 Minuten

Kochzeit: 15 Minuten

Reicht für: 6

Zutaten:
- Kochspray mit Olivenöl
- 6 große Eier
- 1 Knoblauchzehe, gehackt
- ½ Teelöffel Salz
- ½ Teelöffel schwarzer Pfeffer
- Prise rote Paprikaflocken
- 8 Unzen Baby-Bella-Pilze, in Scheiben geschnitten
- 1 Tasse frischer Babyspinat
- 2 Frühlingszwiebeln, weiße Teile und grüne Teile, gewürfelt

Wegbeschreibung:
1. Die Heißluftfritteuse auf 320°F vorheizen. Die Innenseite von sechs Silikonmuffinförmchen oder einer Muffinform mit sechs Mulden leicht mit Kochspray oder Olivenöl bestreichen.
2. Eier, Knoblauch, Salz, Pfeffer und rote Paprikaflocken in einer großen Schüssel 1 bis 2 Minuten lang oder bis zur vollständigen Vermischung **aufschlagen**.
3. Die Pilze, den Spinat und die Frühlingszwiebeln in die Schüssel geben und gut umrühren.
4. Die Mischung gleichmäßig in die Muffinförmchen füllen.
5. In die Fritteuse geben und 12 bis 15 Minuten backen, oder bis die Eimischung in der Mitte fest geworden ist.
6. Herausnehmen, 5 Minuten abkühlen lassen und servieren.

Nährwert (Menge pro Portion):
Kalorien: 83; Fett: 5g; Kohlenhydrate: 2g; Eiweiß: 8g

KAPITEL 4: FISCH UND MEERESFRÜCHTE

AROMATISIERT BAKED SALMON WITH TOMATOES AND OLIVES

Vorbereitungszeit: 5 Minuten

Kochzeit: 8 Minuten

Reicht für: 4

Zutaten:
- 2 Esslöffel Olivenöl
- 4 (1½-Zoll-dicke) Lachsfilets
- ½ Teelöffel Salz
- ¼ Teelöffel Cayennepfeffer
- 1 Teelöffel gehackter frischer Dill
- 2 Roma-Tomaten, gewürfelt
- ¼ Tasse geschnittene Kalamata-Oliven
- 4 Zitronenscheiben

Wegbeschreibung:
1. Die Heißluftfritteuse auf 380°F vorheizen.
2. Die Lachsfilets von beiden Seiten mit Olivenöl bestreichen und mit Salz, Cayenne und Dill würzen.
3. Die Filets in einer einzigen Schicht in den Korb der Fritteuse legen und mit den Tomaten und Oliven belegen. Dann eine Zitronenscheibe auf jedes Filet legen.
4. 8 Minuten backen, oder bis die Innentemperatur des Lachses 145°F erreicht hat.

Nährwert (Menge pro Portion):
Kalorien: 241; Fett: 15g; Kohlenhydrate: 3g; Eiweiß: 23g

KNUSPRIGER FISCH AUS DER FRITTEUSE

Vorbereitungszeit: 5 Minuten

Kochzeit: 10/15 Minuten

Reicht für: 4

Zutaten:
- 1/2 Tasse gelbes Maismehl
- 1/2 Teelöffel Knoblauchpulver
- 1 großes Ei
- 1 Teelöffel grobes Salz
- 1/2 Teelöffel schwarzer Pfeffer
- 1 lb. weiße Fischfilets
- Zitrone und Petersilie zum Garnieren (optional)
- Ölspray

Wegbeschreibung:
1. Die Heißluftfritteuse 3 Minuten lang auf 400ºF vorheizen.
2. Das Ei in eine flache Pfanne schlagen.
3. In einer anderen tiefen Pfanne das Maismehl und die Gewürze vermischen.
4. Den Fisch vollständig trocknen.
5. Die Fischfilets in das Ei tauchen; etwas davon in die Pfanne tropfen lassen.
6. Den Fisch in die Maismehlmischung drücken, bis er auf beiden Seiten gut verkrustet ist.
7. Den beschichteten Fisch in den Korb der vorgeheizten Friteuse legen. Leicht mit Öl besprühen.
8. 10 Minuten bei 400ºF garen, dabei den Fisch schwenken, damit er gleichmäßig gart.
9. Wenn es trockene Stellen gibt, ein wenig Öl aufsprühen. Den Korb wieder in die Fritteuse stellen und den Fisch garen, bis er gut vorbereitet ist.
10. Leicht mit Zitrone beträufeln und mit Petersilie bestreuen.
11. Sofort servieren.

Nährwert (Menge pro Portion):
Kalorien: 191; Kohlenhydrate: 15 g; Eiweiß: 64 g; Fett: 3 g

QUICKIE HERBED SHRIMP PITA

Vorbereitungszeit: 5 Minuten

Kochzeit: 8 Minuten

Reicht für: 4

Zutaten:
- 1 Pfund mittelgroße Garnelen, geschält und entdarmt
- 2 Esslöffel Olivenöl
- 1 Teelöffel getrockneter Oregano
- ½ Teelöffel getrockneter Thymian
- ½ Teelöffel Knoblauchpulver
- ¼ Teelöffel Zwiebelpulver
- ½ Teelöffel Salz
- ¼ Teelöffel schwarzer Pfeffer
- 4 Vollkornpitas
- 4 Unzen Fetakäse, zerkrümelt
- 1 Tasse geschredderter Kopfsalat
- 1 Tomate, gewürfelt
- ¼ Tasse schwarze Oliven, in Scheiben geschnitten
- 1 Zitrone

Wegbeschreibung:
1. Den Backofen auf 380°F vorheizen.
2. Die Garnelen mit Olivenöl, Oregano, Thymian, Knoblauchpulver, Zwiebelpulver, Salz und schwarzem Pfeffer in einer mittelgroßen Schüssel vermengen.
3. Die Garnelen in einer einzigen Schicht in den Korb der Fritteuse legen und 6 bis 8 Minuten backen, bis sie gar sind.
4. Aus der Fritteuse nehmen und gleichmäßig auf vorgewärmte Pitas verteilen, mit Feta, Salat, Tomaten, Oliven und einem Spritzer Zitrone belegen.

Nährwert (Menge pro Portion):
Kalorien: 395; Fett: 16g; Kohlenhydrate: 40g; Eiweiß: 26g

AROMATISIERT BAKED SALMON WITH TOMATOES AND OLIVES

Vorbereitungszeit: 5 Minuten

Kochzeit: 8 Minuten

Reicht für: 4

Zutaten:
- 2 Esslöffel Olivenöl
- 4 (1½-Zoll-dicke) Lachsfilets
- ½ Teelöffel Salz
- ¼ Teelöffel Cayennepfeffer
- 1 Teelöffel gehackter frischer Dill
- 2 Roma-Tomaten, gewürfelt
- ¼ Tasse geschnittene Kalamata-Oliven
- 4 Zitronenscheiben

Wegbeschreibung:
1. Die Heißluftfritteuse auf 380°F vorheizen.
2. Die Lachsfilets von beiden Seiten mit Olivenöl bestreichen und mit Salz, Cayenne und Dill würzen.
3. Die Filets in einer einzigen Schicht in den Korb der Fritteuse legen und mit den Tomaten und Oliven belegen. Dann eine Zitronenscheibe auf jedes Filet legen.
4. 8 Minuten backen, oder bis die Innentemperatur des Lachses 145°F erreicht hat.

Nährwert (Menge pro Portion):
Kalorien: 241; Fett: 15g; Kohlenhydrate: 3g; Eiweiß: 23g

QUICKIE HERBED SHRIMP PITA

Vorbereitungszeit: 5 Minuten

Kochzeit: 8 Minuten

Reicht für: 4

Zutaten:
- 1 Pfund mittelgroße Garnelen, geschält und entdarmt
- 2 Esslöffel Olivenöl
- 1 Teelöffel getrockneter Oregano
- ½ Teelöffel getrockneter Thymian
- ½ Teelöffel Knoblauchpulver
- ¼ Teelöffel Zwiebelpulver
- ½ Teelöffel Salz
- ¼ Teelöffel schwarzer Pfeffer
- 4 Vollkornpitas
- 4 Unzen Fetakäse, zerkrümelt
- 1 Tasse geschredderter Kopfsalat
- 1 Tomate, gewürfelt
- ¼ Tasse schwarze Oliven, in Scheiben geschnitten
- 1 Zitrone

Wegbeschreibung:
1. Den Backofen auf 380°F vorheizen.
2. Die Garnelen mit Olivenöl, Oregano, Thymian, Knoblauchpulver, Zwiebelpulver, Salz und schwarzem Pfeffer in einer mittelgroßen Schüssel vermengen.
3. Die Garnelen in einer einzigen Schicht in den Korb der Fritteuse legen und 6 bis 8 Minuten backen, bis sie gar sind.
4. Aus der Fritteuse nehmen und gleichmäßig auf vorgewärmte Pitas verteilen, mit Feta, Salat, Tomaten, Oliven und einem Spritzer Zitrone belegen.

Nährwert (Menge pro Portion):
Kalorien: 395; Fett: 16g; Kohlenhydrate: 40g; Eiweiß: 26g

BOHNENKRAUT SEA BASS WITH ROASTED ROOT VEGETABLES

Vorbereitungszeit: 10 Minuten

Kochzeit: 15 Minuten

Reicht für: 4

Zutaten:
- 1 Karotte, klein gewürfelt
- 1 Pastinake, klein gewürfelt
- 1 Steckrübe, klein gewürfelt
- ¼ Tasse Olivenöl
- 2 Teelöffel Salz, geteilt
- 4 Seebarschfilets
- ½ Teelöffel Zwiebelpulver
- 2 Knoblauchzehen, gehackt
- 1 Zitrone, in Scheiben geschnitten, plus zusätzliche Scheiben zum Servieren

Wegbeschreibung:
1. Die Heißluftfritteuse auf 380°F vorheizen.
2. Karotte, Pastinake und Steckrübe in einer kleinen Schüssel mit Olivenöl und 1 Teelöffel Salz vermengen oder rühren.
3. Den Wolfsbarsch mit dem restlichen 1 Teelöffel Salz und dem Zwiebelpulver leicht würzen und in einer einzigen Schicht in den Frittierkorb legen.
4. Den Knoblauch darüber streuen, dann die Zitronenscheiben auf jedes Filet legen.
5. Das vorbereitete Gemüse in den Korb um und auf den Fisch legen. 15 Minuten lang backen.
6. Mit weiteren Zitronenspalten nach Belieben servieren.

Nährwert (Menge pro Portion):
Kalorien: 299; Fett: 16g; Kohlenhydrate: 13g; Eiweiß: 25g

AROMATISIERT STEAMED COD WITH GARLIC AND SWISS CHARD

Vorbereitungszeit: 5 Minuten

Kochzeit: 12 Minuten

Reicht für: 4

Zutaten:
- 1 Teelöffel Salz
- ½ Teelöffel getrockneter Oregano
- ½ Teelöffel getrockneter Thymian
- ½ Teelöffel Knoblauchpulver
- 4 Kabeljaufilets
- ½ weiße Zwiebel, in dünne Scheiben geschnitten
- 2 Tassen Mangold, gewaschen, entstielt und in Stücke gerissen
- ¼ Tasse Olivenöl
- 1 Zitrone, geviertelt

Wegbeschreibung:
1. Die Fritteuse auf 380°F vorheizen.
2. Salz, Oregano, Thymian und Knoblauchpulver in einer kleinen Schüssel verrühren.
3. Vier Blätter Alufolie abreißen, die jeweils groß genug sind, um ein Stück Kabeljaufilet und ein Viertel des Gemüses abzudecken.
4. Jeweils ein Kabeljaufilet in die Mitte eines Folienblattes legen, dann die Gewürzmischung auf allen Seiten darüber streuen.
5. In jedes Folienpaket ¼ der Zwiebelscheiben und eine halbe Tasse Mangold legen, dann 1 Esslöffel Olivenöl darüber träufeln und ¼ Zitrone über den Inhalt jedes Folienpakets geben.
6. Falten und verschließen Sie die Seiten des Alufolienpakets und legen Sie es dann in den Korb der Fritteuse, um es 12 Minuten lang zu dämpfen.
7. Nehmen Sie den Korb heraus und öffnen Sie vorsichtig jedes Päckchen, um Dampfverbrennungen zu vermeiden.

Nährwert (Menge pro Portion):
Kalorien: 252; Fett: 14g; Kohlenhydrate: 4g; Eiweiß: 26g

HAUSGEMACHTE ROASTED WHOLE RED SNAPPER

Vorbereitungszeit: 5 Minuten

Kochzeit: 35 Minuten

Reicht für: 4

Zutaten:
- 1 Teelöffel Salz
- ½ Teelöffel schwarzer Pfeffer
- ½ Teelöffel gemahlener Kreuzkümmel
- ¼ Teelöffel Cayennepfeffer
- 1 (1- bis 1½-Pfund) ganzer Red Snapper, gesäubert und trocken getupft
- 2 Esslöffel Olivenöl
- 2 Knoblauchzehen, gehackt
- ¼ Tasse frischer Dill
- Zitronenspalten, zum Servieren

Wegbeschreibung:
1. Die Fritteuse auf 360°F vorheizen
2. Salz, Pfeffer, Kreuzkümmel und Cayenne in einer kleinen Schüssel vermischen.
3. Die Außenseite des Fisches mit Olivenöl bestreichen, dann mit der Gewürzmischung bestreuen. Den gehackten Knoblauch und den Dill in die Höhle des Fisches füllen.
4. Den Snapper in den Korb der Heißluftfritteuse legen und 20 Minuten lang backen. Den Snapper umdrehen und weitere 15 Minuten braten, oder bis die Innentemperatur des Snappers 145°F erreicht.

Nährwert (Menge pro Portion):
Kalorien: 125; Fett: 2g; Kohlenhydrate: 2g; Eiweiß: 23g

GESUNDE SALMON BURGERS WITH CREAMY BROCCOLI SLAW

Vorbereitungszeit: 15 Minuten

Kochzeit: 10 Minuten

Reicht für: 4

Zutaten:

Für die Lachsburger:

- 1 Pfund Lachsfilets, ohne Gräten und Haut
- 1 Ei
- ¼ Tasse frischer Dill, gehackt
- 1 Tasse Vollkornbrotkrümel
- 1 Teelöffel Salz
- ½ Teelöffel Cayennepfeffer
- 2 Knoblauchzehen, gehackt
- 4 Vollkornbrötchen

Wegbeschreibung:
1. Die Fritteuse auf 360°F vorheizen.
2. Die Lachsfilets in einer Küchenmaschine fein zerkleinern.
3. Den gehackten Lachs, das Ei, den Dill, die Semmelbrösel, das Salz, den Cayennepfeffer und den Knoblauch in einer großen Schüssel gut vermischen.
4. Den Lachs in 4 gleichmäßige Patties formen. Diese in den Frittierkorb legen und darauf achten, dass sie sich nicht berühren.
5. 5 Minuten lang garen. Die Lachspastetchen umdrehen und weitere 5 Minuten backen.

Für den Brokkoli-Salat:

- 3 Tassen gehackter oder geraspelter Brokkoli
- ½ Tasse geschredderte Möhren
- ¼ Tasse Sonnenblumenkerne
- 2 Knoblauchzehen, gehackt
- ½ Teelöffel Salz
- 2 Esslöffel Apfelessig

- 1 Tasse fettarmer griechischer Joghurt

Wegbeschreibung:
6. Alle Zutaten für den Brokkoli-Salat in einer großen Schüssel gut vermischen.
7. Servieren Sie die Lachsburger auf getoasteten Vollkornbrötchen und geben Sie eine großzügige Portion Brokkoli-Salat darauf.

Nährwert (Menge pro Portion):
Kalorien: 523; Fett: 16g; Kohlenhydrate: 51g; Eiweiß: 41g

GESUNDE SHRIMP PASTA WITH BASIL AND MUSHROOMS

Vorbereitungszeit: 10 Minuten

Kochzeit: 10 Minuten

Reicht für: 6

Zutaten:
- 1 Pfund kleine Garnelen, geschält und entdarmt
- ¼ Tasse plus 1 Esslöffel Olivenöl, aufgeteilt
- ¼ Teelöffel Knoblauchpulver
- ¼ Teelöffel Cayennepfeffer
- 1 Pfund Vollkornnudeln
- 5 Knoblauchzehen, gehackt
- 8 Unzen Baby-Bella-Pilze, in Scheiben geschnitten
- ½ Tasse Parmesan, plus mehr zum Servieren (optional)
- 1 Teelöffel Salz
- ½ Teelöffel schwarzer Pfeffer
- ½ Tasse frisches Basilikum

Wegbeschreibung:
1. Die Heißluftfritteuse auf 380°F vorheizen.
2. Garnelen, 1 Esslöffel Olivenöl, Knoblauchpulver und Cayenne in einer kleinen Schüssel mischen. Umrühren, damit die Garnelen gut bedeckt sind.
3. Die Garnelen in den Korb der Fritteuse legen und 5 Minuten lang backen. Die Garnelen herausnehmen und beiseite stellen.
4. Die Nudeln nach Packungsanweisung kochen. Nach dem Kochen ½ Tasse Nudelwasser aufbewahren und abgießen.
5. Gleichzeitig ¼ Tasse Olivenöl bei mittlerer Hitze in einer großen Pfanne erhitzen. Den Knoblauch und die Pilze hinzufügen und 5 Minuten lang braten.
6. Die Nudeln, das reservierte Nudelwasser, den Parmesan, das Salz, den Pfeffer und das Basilikum in die Pfanne mit der Gemüse-Öl-Mischung geben und rühren oder schwenken, bis die Nudeln vollständig bedeckt sind.
7. Die Garnelen unterheben, vom Herd nehmen und die Mischung 5 Minuten ruhen lassen, bevor sie mit mehr Parmesan nach Belieben serviert wird.

Nährwert (Menge pro Portion):
Kalorien: 457; Fett: 15g; Kohlenhydrate: 60g; Eiweiß: 25g

KAPITEL 5: FLEISCHREZEPTE

HAUSGEMACHTE LEBANESE MALFOUF (STUFFED CABBAGE ROLLS)

Vorbereitungszeit: 15 Minuten

Kochzeit: 33 Minuten

Reicht für: 4

Zutaten:
- 1 Kopf Grünkohl
- 1 Pfund mageres Rinderhackfleisch
- ½ Tasse langkörniger brauner Reis
- 4 Knoblauchzehen, gehackt
- 1 Teelöffel Salz
- ½ Teelöffel schwarzer Pfeffer
- 1 Teelöffel gemahlener Zimt
- 2 Esslöffel gehackte frische Minze
- Saft von 1 Zitrone
- Kochspray mit Olivenöl
- ½ Tasse Rinderbrühe
- 1 Esslöffel Olivenöl

Wegbeschreibung:
1. Den Kohl in der Mitte durchschneiden und den Strunk entfernen. 12 der größeren Blätter entfernen, um sie für die Kohlrouladen zu verwenden.
2. Einen großen Topf mit Salzwasser zum Kochen bringen, dann die Kohlblätter in das Wasser geben und 3 Minuten kochen. Aus dem Wasser nehmen und beiseite stellen.
3. Mischen Sie das Hackfleisch, den Reis, den Knoblauch, das Salz, den Pfeffer, den Zimt, die Minze und den Zitronensaft in einer großen Schüssel und rühren Sie alles zusammen, bis es vollständig vermischt ist. Diese Mischung gleichmäßig in 12 Portionen aufteilen.
4. Die Heißluftfritteuse auf 360°F vorheizen. Eine kleine Auflaufform leicht mit Kochspray und Olivenöl einsprühen.
5. Ein Kohlblatt auf eine saubere Arbeitsfläche legen. Einen Löffel der Rindfleischmischung auf eine Seite des Blattes geben, dabei Platz für alle anderen Aspekte lassen. Die beiden vertikalen Seiten nach innen falten, dann nach vorne rollen und fest zusammenrollen (ähnlich wie bei einem Burrito).

Die fertigen Brötchen in die Auflaufform legen und gegebenenfalls übereinander stapeln.
6. Die Rinderbrühe über die Kohlrouladen gießen und zwischen den Kohlrouladen einziehen lassen, dann die Oberseiten mit Olivenöl bestreichen.
7. Die Auflaufform in den Korb der Fritteuse stellen und 30 Minuten lang backen.

Nährwert (Menge pro Portion):
Kalorien: 329; Fett: 10g; Kohlenhydrate: 33g; Eiweiß: 29g

SCHNELLGERICHT BEEF AND GOAT CHEESE STUFFED PEPPERS

Vorbereitungszeit: 10 Minuten

Kochzeit: 30 Minuten

Reicht für: 4

Zutaten:
- 1 Pfund mageres Rinderhackfleisch
- ½ Tasse gekochter brauner Reis
- 2 Roma-Tomaten, gewürfelt
- 3 Knoblauchzehen, gehackt
- ½ gelbe Zwiebel, gewürfelt
- 2 Esslöffel frischer Oregano, gehackt
- 1 Teelöffel Salz
- ½ Teelöffel schwarzer Pfeffer
- ¼ Teelöffel gemahlener Piment
- 2 Paprikaschoten, halbiert und entkernt
- 4 Unzen Ziegenkäse
- ¼ Tasse frische Petersilie, gehackt

Wegbeschreibung:
1. Die Fritteuse auf 360°F vorheizen.
2. Hackfleisch, Reis, Tomaten, Knoblauch, Zwiebel, Oregano, Salz, Pfeffer und Piment in einer großen Schüssel gut vermischen.
3. Die Rindfleischmischung gleichmäßig auf die halbierten Paprikaschoten verteilen und mit etwa einem Viertel des Ziegenkäses auf jeder Paprikaschote bestreuen.
4. Die Paprikaschoten in einer einzigen Schicht in den Frittierkorb legen und darauf achten, dass sie sich nicht berühren. 30 Minuten lang rösten.
5. Die Paprikaschoten aus der Fritteuse nehmen und mit frischer Petersilie bestreuen, dann servieren.

Nährwert (Menge pro Portion):
Kalorien: 298; Fett: 12g; Kohlenhydrate: 17g; Eiweiß: 32g

STARTSEITE WHOLE CORNISH HEN WITH LEMON AND HERBS

Vorbereitungszeit: 5 Minuten

Kochzeit: 45 Minuten

Reicht für: 2

Zutaten:
- 1 (1½- bis 2-Pfund) kornisches Huhn
- ¼ Tasse Olivenöl
- 2 Esslöffel Zitronensaft
- 2 Esslöffel frischer Rosmarin, gehackt
- 2 Esslöffel frischer Thymian, gehackt
- 4 Knoblauchzehen, grob zerkleinert
- 1 Teelöffel Salz
- 1 Teelöffel frisch gemahlener schwarzer Pfeffer
- 1 Stangensellerie, grob gehackt
- ½ kleine Zwiebel
- ½ Zitrone
- Gehackte frische Petersilie, zum Garnieren
- Frisch gemahlener schwarzer Pfeffer, zum Garnieren

Wegbeschreibung:
1. Die Fritteuse auf 380°F vorheizen.
2. Olivenöl, Zitronensaft, Rosmarin, Thymian, Knoblauch, Salz und Pfeffer in einer kleinen Schüssel vermischen. Pinseln Sie die Mischung auf die Oberseite und um das Huhn herum. Überschüssige Mischung in die Höhle des Vogels gießen.
3. Staudensellerie, Zwiebel und ½ Zitrone in die Höhle des Huhns stecken.
4. In den Korb der Fritteuse legen und 40 bis 45 Minuten backen, oder bis die Innentemperatur des Huhns 165°F erreicht.
5. Das Huhn halbieren und nach Belieben mit Petersilie und frisch gemahlenem schwarzen Pfeffer bestreuen und servieren.

Nährwert (Menge pro Portion):
Kalorien: 774; Fett: 62g; Kohlenhydrate: 8g; Eiweiß: 44g

HAUSGEMACHTE STEAK-HÄPPCHEN UND CHAMPIGNONS AUS DER HEIßLUFTFRITTEUSE

Vorbereitungszeit: 5 Minuten

Kochzeit: 20 Minuten

Reicht für: 2

Zutaten:
- 1 Teelöffel Worcestershire-Sauce (nicht scharf)
- 8 Unzen geschnittene Champignons
- 1/2 Teelöffel gehackter Knoblauch getrocknet
- 1/4 Teelöffel Pfeffer
- 1 lb. mageres Lendensteak in Würfel geschnitten
- Sprühbutter, nach Geschmack
- Salz zum Abschmecken (sehr wenig)

Wegbeschreibung:
1. Das Steak mit einem scharfen Messer schälen und in 1-Zoll-Würfel schneiden.
2. Die Heißluftfritteuse 4 Minuten lang auf 400ºF erhitzen.
3. Die in Scheiben geschnittenen Champignons um das Steak legen.
4. Dreimal mit Butter besprühen und miteinander vermengen. Dann noch dreimal einsprühen und fein vermengen. 1/2 Teelöffel getrockneten, gehackten Knoblauch, 1/4 Teelöffel Pfeffer und Worcestershire hinzufügen und gut vermischen.
5. Die Mischung auf dem Boden der Fritteuse verteilen.
6. In der Heißluftfritteuse 12 Minuten bei 400ºF garen, dabei die Mischung nach der Hälfte der Garzeit umrühren.
7. Wenn Sie das Steak lieber durchgebraten haben möchten, kochen Sie es 3 bis 5 Minuten länger.
8. Nach Geschmack würzen und sofort servieren.

Nährwert (Menge pro Portion):
Kalorien: 168; Kohlenhydrate: 2 g; Eiweiß: 57 g; Fett: 5 g

ZÄHFLÜSSIGER FRIKADELLENAUFLAUF

Vorbereitungszeit: 15 Minuten

Kochzeit: 15/18 Minuten

Reicht für: 6

Zutaten:
- 1 Esslöffel Thymian, gehackt
- 0,25 Tasse Petersilie, gehackt
- 0,33 lb. Putenwurst
- 1 Ei, verquirlt
- 0,66 lb. Rinderhackfleisch
- 2 Esslöffel Olivenöl
- 1 Schalotte, gehackt
- 1 Esslöffel Dijon-Senf
- 3 Knoblauchzehen, gehackt
- 2 Esslöffel entrahmte Milch
- 1 Esslöffel Rosmarin, gehackt
- 1 Tasse Semmelbrösel

Wegbeschreibung:
1. Heizen Sie die Fritteuse auf 400°F auf, indem Sie ein wenig Öl in den Korb sprühen.
2. Knoblauch und Schalotten hinzugeben und bei 400°F 3 Minuten lang kochen, bis sie weich sind.
3. Die Milch und die Semmelbrösel in eine Schüssel geben und fein vermischen. Dann Rosmarin, Senf, gehackte Petersilie, Putenwurst, Rinderhack, Ei und Thymian hinzugeben und beiseite stellen, damit sie durchziehen können.
4. Nach fünf Minuten diese Mischung zu kleinen Patties formen und in die Fritteuse geben.
5. Die Fleischbällchen 15 Minuten lang bei 400°F garen. Nach der Hälfte der Garzeit die Frikadellen öffnen und umdrehen, damit sie von allen Seiten gar werden.

Nährwert (Menge pro Portion):
Kalorien: 168; Kohlenhydrate: 4 g; Eiweiß: 52 g; Fett: 11 g

AUTHENTISCHE TACO-FLEISCHBÄLLCHEN

Vorbereitungszeit: 10 Minuten

Kochzeit: 10/12 Minuten

Reicht für: 4

Zutaten:
- 450 g mageres Rinderhackfleisch
- 1/4 Tasse Zwiebeln
- 1 Esslöffel Knoblauch
- 1/4 Tasse Koriander
- 2 Esslöffel Taco-Würze/Gewürze nach Wahl (nicht scharf)
- 1/2 Tasse geschredderter mexikanischer Käse (nicht würzig)
- 1 Ei
- Gemahlener schwarzer Pfeffer und koscheres Salz, nach Belieben (sehr wenig)

Die Dip-Sauce:
- 1/4 Becher saure Sahne
- 1/2 Tasse Lieblingssalsa (nicht scharf)

Wegbeschreibung:
1. Stellen Sie die Temperatur der Heißluftfritteuse auf 400° Fahrenheit/204° Celsius ein.
2. Die Zwiebeln und den Koriander mit einem Messer hacken. Den Knoblauch hacken.
3. Alle Zutaten in eine Rührschüssel geben. Die Mischung mit dem Paddelaufsatz 2 bis 3 Minuten lang schlagen, oder bis sie eine klebrige Paste bildet.
4. In 12 Fleischbällchen aufteilen. In den Frittierkorb legen und die Fritteuse für 10 Minuten auf 400° Fahrenheit einstellen.
5. Gleichzeitig in einem kleinen Mixbehälter die Sauce mit der Salsa und der sauren Sahne vermischen.
6. Wenn Sie möchten, können Sie die Soße sofort zu den Fleischbällchen servieren.

Nährwert (Menge pro Portion):
Kohlenhydrate: 5 g; Fett: 18 g; Eiweiß: 63 g; Kalorien: 123

PIKANTE GEGRILLTE ESSIG-RINDSRIPPCHEN

Vorbereitungszeit: 3 bis 4 Stunden

Kochzeit: 11/12 Minuten

Reicht für: 4

Zutaten:
- 1 Tasse Koriander, fein gehackt
- 1 Esslöffel Basilikumblätter, gehackt
- 3 Knoblauchzehen, fein gehackt
- 1 Pfund fleischige Rinderrippen
- 1 Esslöffel Apfelessig
- 1 Chipotle-Pulver
- 1 Teelöffel Fenchelsamen
- Koscheres Salz und schwarzer Pfeffer, je nach Bedarf (sehr wenig)
- 1/2 Tasse Pflanzenöl

Wegbeschreibung:
1. Alle Zutaten vollständig miteinander vermischen und das Fleisch in einer mittelgroßen Schüssel fein mit dieser Mischung bestreichen.
2. Abdecken und 3-4 Stunden lang einfrieren. Das Fleisch aus der Marinade nehmen und die Rippchen in eine Grillpfanne legen.
3. Stellen Sie Ihre Fritteuse auf eine ebene Küchenfläche. Die Temperatur auf 360ºF einstellen und 4-5 Minuten lang erhitzen.
4. Nehmen Sie den Frittierkorb heraus und bestreichen Sie ihn leicht mit Speiseöl oder Spray. Die Pfanne in den Korb geben und den Korb in die Fritteuse stellen. Bei 360ºF 8 Minuten lang braten.
5. Nehmen Sie den Korb heraus. Weitere 3-4 Minuten kochen, wenn das Fleisch nicht zart ist.
6. Mit der restlichen Marinade übergießen und sofort servieren!

Nährwert (Menge pro Portion):
Kalorien: 157; Fett: 34,2 g; Kohlenhydrate: 3,2 g; Eiweiß: 34,8 g

PIKANTE GEFÜLLTE PAPRIKA

Vorbereitungszeit: 10 Minuten

Kochzeit: 10/15 Minuten

Reicht für: 6

Zutaten:
- 450 g mageres Rinderhackfleisch
- 6 grüne Paprikaschoten
- 1 Esslöffel Olivenöl
- 1/4 Tasse grüne Zwiebel
- 1/4 Tasse frische Petersilie
- 1/2 Teelöffel gemahlener Salbei
- 1/2 Teelöffel Knoblauchsalz
- 1 Tasse gekochter Reis
- 1 Tasse Marinara-Sauce, nach Belieben mehr (nicht scharf)
- 1/4 Tasse zerkleinerter Mozzarella-Käse

Wegbeschreibung:
1. Eine Pfanne mit Olivenöl erhitzen, dann das Hackfleisch hineingeben und braten, bis es gut durch ist.
2. Das Rindfleisch aus der Pfanne nehmen und abtrocknen.
3. Wieder in die Pfanne mit dem Öl geben und Petersilie, Salbei, Salz und die gewürfelte grüne Zwiebel hinzufügen und gut durchrühren.
4. Den gekochten Reis dazugeben und mit der Marinarasauce fein verrühren.
5. Heizen Sie die Fritteuse auf 355° Fahrenheit/179° Celsius auf.
6. Den oberen Teil jeder Paprika sowie die Kerne entfernen.
7. Jede Paprikaschote mit der Mischung füllen.
8. Die Paprikaschoten bei 355° Fahrenheit 10 Minuten lang in der Luft braten. Vorsichtig öffnen und mit Käse bestreuen.
9. 5 Minuten rösten, bis die Paprikaschoten leicht weich sind und der Käse geschmolzen ist. Warm servieren.

Nährwert (Menge pro Portion):
Kohlenhydrate: 19 g; Fett: 13 g; Eiweiß: 65 g; Kalorien: 154

REICHHALTIGES STEAK MIT CHAMPIGNONS

Vorbereitungszeit: 10 Minuten

Kochzeit: 12/17 Minuten

Reicht für: 4

Zutaten:
- 450 g mageres Lendensteak in Würfel geschnitten
- 230 g in Scheiben geschnittene Champignons
- Margarine aufsprühen
- 1/2 Teelöffel gehackter Knoblauch getrocknet
- 1/4 Teelöffel Pfeffer
- Salz, nach Belieben (sehr wenig)

Wegbeschreibung:
1. Verwenden Sie ein gezacktes Messer oder eine Küchenschere, um das Steak in 1 cm große Würfel zu schneiden.
2. Heizen Sie die Fritteuse 4 Minuten lang auf 400° Fahrenheit/204° Celsius auf.
3. Champignonscheiben auf das Steak legen.
4. Reiben Sie die Mischung dreimal mit einem Spritzer Margarine/Butterspray ein und schwenken Sie sie, um sie zu verbinden. Noch dreimal einreiben und erneut durchschwenken. Salz, Pfeffer und Knoblauch hinzufügen und vermengen.
5. Die Mischung in das Frittiergerät geben. Bei 400°F 12 Minuten lang frittieren, dabei die Mischung nach der Hälfte der Garzeit einmal durchschwenken.
6. Wenn Sie das Steak lieber durchgebraten haben möchten, kochen Sie es weitere 3-5 Minuten.
7. Nach Geschmack würzen und sofort servieren.

Nährwert (Menge pro Portion):
Kohlenhydrate: 2 g; Fett: 5 g; Eiweiß: 67 g; Kalorien: 148

GESUNDER RINDEREINTOPF

Vorbereitungszeit: 30 Minuten

Kochzeit: 40 Minuten

Reicht für: 4

Zutaten:
- 1 Esslöffel Butter
- 1 Pfund Rinderhackfleisch, in Würfel geschnitten
- 1 Zwiebel, geviertelt
- 2 Knoblauchzehen, zerdrückt und gehackt
- 1 1/2 Tassen Champignons, in halbe Scheiben geschnitten
- 4 Kartoffeln, in Würfel geschnitten
- 2 Möhren, in Scheiben geschnitten
- 3 Tassen natriumreduzierte Rinderbrühe
- 1 Esslöffel Worcestershire-Sauce (nicht scharf)
- 1 Esslöffel Tomatenmark
- Salz und Pfeffer nach Geschmack (sehr wenig)
- 1/2 Teelöffel getrockneter Rosmarin

Wegbeschreibung:
1. Die Heißluftfritteuse auf 330ºFahrenheit vorheizen.
2. Das Rindfleisch in einen Topf geben, der in die Fritteuse passt, die Butter hinzufügen und 5 Minuten bei 330ºF garen.
3. Den Topf herausnehmen und Pilze, Kartoffeln, Zwiebeln, Karotten, Knoblauch und andere Zutaten hinzufügen.
4. Zurück in die Fritteuse geben und bei 330ºFahrenheit weitere 35 Minuten garen, bis die Brühe getrocknet und das Fleisch zart und weich geworden ist. Warm servieren.

Nährwert (Menge pro Portion):
Kalorien: 151,7; Fett: 16,4 g; Kohlenhydrate: 32,2 g; Eiweiß: 60 g

KAPITEL 6: REZEPTE FÜR HUHN UND GEFLÜGEL

KÄSIGE HÄHNCHENFLÜGEL MIT JOGHURTSAUCE

Vorbereitungszeit: 15 Minuten

Kochzeit: 29/30 Minuten

Reicht für: 6

Zutaten:

Für die Chicken Wings:

- 2 Esslöffel Backpulver
- 2 lbs. Hähnchenflügel
- 2 Esslöffel Gewürzmischung
- Olivenöl oder Kokosnussölspray

Für die Flügelsauce:

- 3/4 Tasse nicht scharfe Lieblingssoße
- 1/2 Esslöffel Butter aus Weidehaltung

Für die Joghurt-Käse-Sauce:

- 1/4 Tasse Buttermilch
- 1 Esslöffel Apfelessig
- 2 Unzen zerbröckelter Blauschimmelkäse
- 8-Unzen-Behälter mit fettfreiem isländischen Joghurt
- 1/3 Teelöffel Salz

Wegbeschreibung:

Für die Chicken Wings:

1. Die Hähnchenflügel zwischen Papiertücher legen und abtrocknen.
2. Backpulver und Dry Seasoning Mix in eine große Schüssel geben. Umrühren, bis sie leicht bedeckt sind. Wenn Sie möchten, können Sie die Hähnchenflügel in einen großen Ziplock-Beutel oder eine große Papiertüte geben, um sie vollständig zu beschichten.
3. Den Frittierkorb etwa 1-2 Minuten lang auf 390ºF erhitzen, um ein Anhaften zu verhindern.

Für die Flügelsauce:

4. Flügel leicht mit Kochspray einfetten
5. Legen Sie die Flügel in einer Lage in den Korb und stapeln Sie sie nicht übereinander.
6. Bei 390ºF 4 Minuten kochen, dann umrühren und mit einer Zange umdrehen.
7. Bei 390ºF weitere 3 Minuten garen, erneut leicht mit Kochspray einsprühen und erneut wenden.
8. Nochmals 4 Minuten bei 390ºF kochen.
9. Überprüfen und gegebenenfalls wenden, bei 360ºF weitere 9 Minuten garen, dann wenden und erneut umrühren. Sofort servieren.
10. Die letzten 9 Minuten bei 360ºF garen.
11. Die Hähnchenflügel mit der Sauce und der Butter in ein großes Gefäß geben. Sofort servieren.

Für die Joghurt-Dip-Sauce:

12. In einer mittelgroßen Schüssel Buttermilch, Joghurt, Salz, Apfelessig und Blauschimmelkäse vermischen.
13. Die Portionsgröße beträgt 2 Esslöffel.
14. Die Hähnchenflügel mit ein wenig Sauce daneben servieren.

Nährwert (Menge pro Portion):
Kohlenhydrate: 1 g; Fett: 1,7 g; Eiweiß: 43 g; Kalorien: 113

KOHLENHYDRATARMES, SCHMACKHAFTES BRATHÄHNCHEN

Vorbereitungszeit: 10 Minuten

Kochzeit: 15-30 Minuten

Reicht für: 4

Zutaten:
- 1/4 Teelöffel frisch gemahlener schwarzer Pfeffer
- 25 g/1/4 Tasse Kokosnussmehl
- 55 g/1 Tasse zerkleinerte Schweineschwarten/Schweinekruste
- 1/2 Teelöffel Knoblauchpulver (optional)
- 1/2 Teelöffel Salz
- 2 große Eier
- 1 Pfund Hähnchenteile

Wegbeschreibung:
1. In einer mittelgroßen Schüssel das Kokosmehl mit Pfeffer und Salz vermischen und zu einem Teig verarbeiten.
2. In einer zweiten Schüssel die Eier verquirlen.
3. In der dritten Schüssel die gehackten Schweineschwarten/Schwarten mit dem Knoblauchpulver mischen, falls erforderlich.
4. Jedes Stück in die Mehlmischung und anschließend in das Ei tauchen. Schütteln, um den Überschuss zu entfernen, und dann vorsichtig in die Schweineschwartenmischung drücken, um sie vollständig zu bedecken.
5. Lagern Sie sie, bis Sie sie kochen möchten.
6. Die Fritteuse 5 Minuten lang auf 200ºC/400ºF erhitzen. Die beschichteten Hähnchen in einer einzigen Schicht in den Frittierkorb legen und bei 400ºF ca. 15-30 Minuten garen, bis sie vollständig durchgegart und knusprig sind.
7. Möglicherweise müssen Sie sie schubweise zubereiten. In einem niedrigen Ofen oder unter Folie die zuerst gekochten warm stellen.
8. Nach Belieben sofort mit Beilagen servieren oder abkühlen lassen und dann als Teil einer Lunchbox servieren.

Nährwert (Menge pro Portion):
Kalorien: 206; Eiweiß: 49,3 g; Kohlenhydrate: 1,5 g; Fett: 10,7 g

HÄHNCHEN MIT PARMESANKÄSE

Vorbereitungszeit: 5 Minuten

Kochzeit: 6/15 Minuten

Reicht für: 2

Zutaten:
- 6 Esslöffel gewürztes Paniermehl
- 1/2 Tasse Marinara
- 1 Esslöffel Butter, geschmolzen (oder Olivenöl)
- 2 Esslöffel geriebener Parmesankäse
- Kochspray
- 2 (8 oz) Hühnerbrüste, in Scheiben geschnitten
- 6 Esslöffel fettarmer Mozzarella-Käse

Wegbeschreibung:
1. Die Fritteuse 3 Minuten lang auf 360°F erhitzen.
2. In einer Schüssel den Parmesan und die Semmelbrösel mischen. In einer anderen Schüssel die Butter auflösen.
3. Das Hähnchen leicht mit Butter bestreichen, dann in die Paniermehlmischung tauchen.
4. Wenn die Fritteuse aufgeheizt ist, 2 Stücke in den Korb legen und die Oberseite mit Öl beträufeln.
5. Bei 360°F 6 Minuten garen, umdrehen und 1 ½ Esslöffel geriebenen Mozzarella und 2 Esslöffel Sauce darauf geben.
6. Kochen, bis der Käse vollständig geschmolzen ist.
7. Aufheben und warm halten, den Vorgang mit den restlichen 2 Stücken wiederholen.

Nährwert (Menge pro Portion):

Eiweiß: 31,5 g; Fett: 9,5 g; Cholesterin: 14mg; Ballaststoffe: 1,5 g; Kohlenhydrate: 12 g

GEWÜRZT CHICKEN SHAWARMA

Vorbereitungszeit: 10 Minuten

Kochzeit: 15 Minuten

Reicht für: 4

Zutaten:
- 1 Pfund Hähnchenbrust ohne Knochen und Haut, in Würfel geschnitten
- ¼ Tasse fettarmer griechischer Joghurt
- 2 Esslöffel Olivenöl
- 1 Teelöffel getrockneter Oregano
- 1 Teelöffel gemahlener Kreuzkümmel
- 1 Teelöffel gemahlener Zimt
- 1 Teelöffel Salz
- ¼ Teelöffel gemahlener Kurkuma
- ¼ Teelöffel schwarzer Pfeffer
- Reis, zum Servieren (optional)
- Griechischer Salat, zum Servieren (optional)
- Tzatziki-Sauce, zum Servieren (optional)

Wegbeschreibung:
1. Die Heißluftfritteuse auf 380°F vorheizen.
2. Alle Zutaten mischen und in einer großen Schüssel verrühren, bis das Huhn vollständig bedeckt ist.
3. Die Hähnchenmischung in einer gleichmäßigen Schicht in den Frittierkorb geben und 10 Minuten lang braten. Die Hähnchenmischung umrühren und weitere 5 Minuten braten.
4. Mit Reis, griechischem Salat und Tzatziki-Soße nach Belieben servieren.

Nährwert (Menge pro Portion):
Kalorien: 209; Fett: 10g; Kohlenhydrate: 2g; Eiweiß: 27g

SCHNELLEINSTIEG BREADED TURKEY CUTLETS

Vorbereitungszeit: 5 Minuten

Kochzeit: 8 Minuten

Reicht für: 4

Zutaten:
- ½ Tasse Vollkornbrotkrümel
- ¼ Teelöffel Paprika
- ¼ Teelöffel Salz
- ¼ Teelöffel schwarzer Pfeffer
- ⅛ Teelöffel getrockneter Salbei
- ⅛ Teelöffel Knoblauchpulver
- 1 Ei
- 4 Putenbrustschnitzel
- Gehackte frische Petersilie, zum Servieren

Wegbeschreibung:
1. Die Fritteuse auf 380°F vorheizen.
2. Semmelbrösel, Paprika, Salz, schwarzer Pfeffer, Salbei und Knoblauchpulver in einer mittelgroßen, flachen Schüssel vermischen.
3. Das Ei in einer separaten, mittelgroßen, flachen Schüssel schaumig schlagen.
4. Jedes Putenschnitzel in die Eimischung tauchen, dann in die Paniermehlmischung legen und gleichmäßig panieren. Die panierten Putenschnitzel in einer einzigen Schicht in den Boden des Frittierkorbs legen und darauf achten, dass sie sich nicht gleichzeitig berühren.
5. 4 Minuten lang braten. Die Schnitzel umdrehen und weitere 4 Minuten braten, oder bis die Innentemperatur des Truthahns 165°F erreicht. Mit der Petersilie bestreuen und sofort servieren.

Nährwert (Menge pro Portion):
Kalorien: 234; Fett: 5g; Kohlenhydrate: 10g; Eiweiß: 37g

BOHNENKRAUT WILD RICE AND KALE STUFFED CHICKEN THIGHS

Vorbereitungszeit: 10 Minuten

Kochzeit: 22 Minuten

Reicht für: 4

Zutaten:
- 4 entbeinte, hautlose Hähnchenschenkel
- 1 Tasse gekochter Wildreis
- ½ Tasse gehackter Grünkohl
- 2 Knoblauchzehen, gehackt
- 1 Teelöffel Salz
- Saft von 1 Zitrone
- ½ Tasse zerbröckelter Feta
- Kochspray mit Olivenöl
- 1 Esslöffel Olivenöl

Wegbeschreibung:
1. Die Heißluftfritteuse auf 380°F vorheizen.
2. Die Hähnchenschenkel zwischen zwei Stücke Plastikfolie legen und mit einem Fleischklopfer oder einem Nudelholz etwa 1/4 Zoll dick klopfen.
3. Den Reis, den Grünkohl, den Knoblauch, das Salz und den Zitronensaft in einer mittelgroßen Schüssel gut vermischen.
4. Jeweils ein Viertel der Reismischung in die Mitte der Hähnchenschenkel geben und mit 2 Esslöffeln Feta belegen.
5. Sprühen Sie Kochspray oder Olivenöl auf den Korb der Fritteuse.
6. Die Seiten der Hähnchenschenkel über die Füllung klappen und dann vorsichtig mit der Naht nach unten in den Korb der Fritteuse legen. Jeden gefüllten Hähnchenschenkel gleichmäßig mit einer Schicht Olivenöl bepinseln.
7. Die gefüllten Hähnchenschenkel 12 Minuten lang backen, dann umdrehen und weitere 10 Minuten lang garen, oder bis die Innentemperatur des Hähnchens 165°F erreicht.

Nährwert (Menge pro Portion):
Kalorien: 360; Fett: 16g; Kohlenhydrate: 11g; Eiweiß: 42g

GEWÜRZT CLASSIC CHICKEN KEBAB

Vorbereitungszeit: 30 Minuten plus 30

Kochzeit: 25 Minuten

Reicht für: 4

Zutaten:
- ¼ Tasse Olivenöl
- 1 Teelöffel Knoblauchpulver
- 1 Teelöffel Zwiebelpulver
- 1 Teelöffel gemahlener Kreuzkümmel
- ½ Teelöffel getrockneter Oregano
- ½ Teelöffel getrocknetes Basilikum
- ¼ Tasse Zitronensaft
- 1 Esslöffel Apfelessig
- Kochspray mit Olivenöl
- 1 Pfund Hähnchenschenkel ohne Knochen und ohne Haut, in 1-Zoll-Stücke geschnitten
- 1 rote Paprika, in 1-Zoll-Stücke geschnitten
- 1 rote Zwiebel, in 1-Zoll-Stücke geschnitten
- 1 Zucchini, in 1-Zoll-Stücke geschnitten
- 12 Kirschtomaten

Wegbeschreibung:
1. Olivenöl, Knoblauchpulver, Zwiebelpulver, Kreuzkümmel, Oregano, Basilikum, Zitronensaft und Apfelessig in einer großen Schüssel verrühren.
2. Sechs Spieße mit Kochspray oder Olivenöl besprühen.
3. Auf jeden Spieß ein Stück Hähnchenfleisch stecken, dann eine Scheibe Paprika, eine Zwiebel, eine Zucchini und schließlich eine Tomate und dann wiederholen. Jeder Spieß sollte mindestens zwei Stücke von jeder Zutat enthalten.
4. Sobald alle Spieße fertig sind, legen Sie sie in eine Auflaufform (9 x 13 Zoll) und beträufeln die Spieße mit der Olivenölmarinade. Jeden Spieß umdrehen, damit das Hähnchen und das Gemüse auf beiden Seiten gut bedeckt sind.
5. Die Schale mit Frischhaltefolie abdecken und 30 Minuten in den Kühlschrank stellen.

6. 30 Minuten später heizen Sie die Fritteuse auf 380°F vor. (Wenn Sie einen Grillaufsatz verwenden, stellen Sie sicher, dass er sich während des Aufwärmens in der Fritteuse befindet).
7. Nehmen Sie die Spieße aus der Marinade und legen Sie sie in einer einzigen Schicht in den Korb der Fritteuse. Wenn die Fritteuse über einen Grillaufsatz verfügt, können Sie die Spieße auch auf diesen legen.
8. 10 Minuten lang braten. Die Spieße wenden und weitere 15 Minuten garen.
9. Nehmen Sie die Spieße aus der Fritteuse und lassen Sie sie vor dem Servieren 5 Minuten ruhen.

Nährwert (Menge pro Portion):
Kalorien: 304; Fett: 17g; Kohlenhydrate: 10g; Eiweiß: 27g

GEBRATENE CORNISH GAME HENS MIT HARISSA

Vorbereitungszeit: 10 Minuten

Kochzeit: 21 Minuten

Reicht für: 4

Zutaten:
Harissa:

- 1/2 Tasse Olivenöl
- 6 Knoblauchzehen, gehackt
- 1 Esslöffel gemahlener Koriander
- 1 Esslöffel gemahlener Kreuzkümmel
- 1 Teelöffel gemahlener Kümmel
- 1 Teelöffel koscheres Salz
- 1/2 bis 1 Teelöffel Cayennepfeffer

Hühner:

- 1/2 Tasse Joghurt
- 2 kornische Wildhühner, Innereien entfernt und der Länge nach halbiert

Wegbeschreibung:
1. Für das Harissa Cayenne, Knoblauch, Kümmel, Koriander, Kreuzkümmel, Salz und Öl in einer mittelgroßen, mikrowellengeeigneten Schüssel vermengen.
2. Stellen Sie die Mikrowelle für 1 Minute auf höchste Stufe. Du kannst es auch auf dem Herd erwärmen, bis das Öl heiß und sprudelnd ist. Es ist in Ordnung, wenn Sie alternativ Ihre Heißluftfritteuse für alles verwenden wollen, frittieren Sie es in der Heißluftfritteuse bei 350ºF (177ºC). Mischen, bis der Teig durcherhitzt ist, 5 oder 6 Minuten.
3. Die Hühner zusammen mit 1 bis 2 Esslöffeln Harissa und dem Joghurt in einer kleinen Schüssel vermengen.
4. Mit dem Schneebesen verrühren, bis alles gut vermischt ist.
5. Die Hühnerhälften in einen wiederverschließbaren Plastikbeutel legen und mit der Marinade bestreichen.
6. Verschließen Sie den Beutel und massieren Sie ihn, damit sich alle Teile gut verteilen.

7. Bei Raumtemperatur 30 Minuten marinieren oder für etwa 24 Stunden in den Kühlschrank stellen.
8. Die Hühnerhälften in einer einzigen Schicht in den Korb der Fritteuse legen. (Wenn Sie eine kleinere Fritteuse haben, müssen Sie sie in zwei Chargen garen).
9. 20 Minuten bei 400ºF (204ºC) braten.
10. Vergewissern Sie sich mit einem Fleischthermometer, dass die Wildhühner eine Innentemperatur von 165ºF (74ºC) erreicht haben. Warm servieren.

Nährwert (Menge pro Portion):
Kalorien: 212; Fett: 32 g; Eiweiß: 66 g; Kohlenhydrate: 5 g

PIKANTES HÄHNCHEN MIT BALSAMICO-GLASUR

Vorbereitungszeit: 5 Minuten

Kochzeit: 22 Minuten

Reicht für: 4

Zutaten:

Glasur:

- 1 Esslöffel Olivenöl
- 2 Teelöffel Balsamico-Essig
- 1 Teelöffel gehackter Knoblauch
- 1 Teelöffel Honig
- 1/2 Teelöffel Speisestärke
- 1/4 Teelöffel Salz
- 1/4 Teelöffel gemahlener schwarzer Pfeffer

Hühnchen:

- Olivenölspray
- 4 entbeinte Hähnchenschenkel
- 2 Teelöffel granulierter Knoblauch, geteilt
- 1 Teelöffel Salz, geteilt
- 1/2 Teelöffel gemahlener schwarzer Pfeffer, geteilt
- 1/4 Teelöffel Zwiebelpulver, geteilt

Wegbeschreibung:

Glasur:

1. Maisstärke, Salz, Pfeffer, Knoblauch, Honig, Balsamico-Essig und Olivenöl in einer kleinen Schüssel verquirlen. Beiseite stellen.
2. Hu**hn**
3. Das Hähnchen und den Frittierkorb leicht mit Olivenöl beträufeln.
4. Das Hähnchen in den Frittierkorb legen und mit etwa der Hälfte von Salz, Zwiebelpulver, Pfeffer und Knoblauch bestreuen.
5. 10 Minuten bei 380ºF (193ºC) backen.

Hühnchen:

6. Das Huhn aus der Fritteuse nehmen und die Stücke wenden. Mit mehr Olivenöl beträufeln und mit den restlichen Gewürzen bestreuen.
7. Das Hähnchen wieder in die Fritteuse geben und weitere 10 Minuten backen.
8. Das Hähnchen herausnehmen und mit der vorbereiteten Glasur bestreichen.
9. Weitere 2 Minuten backen, bis die Sauce klebrig und karamellisiert ist. Sofort servieren.

Nährwert (Menge pro Portion):
Kalorien: 263; Fett: 11 g; Eiweiß: 38 g; Kohlenhydrate: 3 g

HÄHNCHENTENDER UND FRISCHES GEMÜSE

Vorbereitungszeit: 10 Minuten

Kochzeit: 18 bis 20 Minuten

Reicht für: 4

Zutaten:
- 1 Pfund (454 g) Hähnchenteile
- 1 Esslöffel Honig
- Prise Salz
- Frisch gemahlener schwarzer Pfeffer, nach Geschmack (sehr wenig)
- 1/2 Tasse weiche frische Brotkrumen
- 1/2 Teelöffel getrockneter Thymian
- 1 Esslöffel Olivenöl
- 2 Möhren, in Scheiben geschnitten
- 12 kleine rote Kartoffeln

Wegbeschreibung:
1. Die Hähnchenteile in einer mittelgroßen Schüssel mit Salz, Pfeffer und Honig vermischen.
2. Olivenöl, Thymian und Semmelbrösel in eine flache Schüssel geben und gut vermengen.
3. Die Tender in die Semmelbrösel tauchen und fest auf das Fleisch drücken.
4. Die Kartoffeln und Karotten in den Frittierkorb geben und mit den Hähnchenfilets belegen.
5. Bei 380ºF (193ºC) braten, bis das Hähnchen auf 165ºF (74ºC) gegart ist und das Gemüse zart ist, 18 bis 20 Minuten lang. Nach der Hälfte der Garzeit den Korb einmal schütteln.
6. Sofort servieren.

Nährwert (Menge pro Portion):
Kalorien: 179; Fett: 8 g; Eiweiß: 61 g; Kohlenhydrate: 25 g

KAPITEL 7: GEMÜSEREZEPTE

MOZZARELLA-RETTICH-SALAT

Vorbereitungszeit: 8-10 Minuten

Kochzeit: 3 min

Reicht für: 4

Zutaten:
- 1 1/2 Pfund Radieschen, geputzt und halbiert
- 2 Esslöffel Olivenöl
- Pfeffer und Salz, je nach Bedarf (sehr wenig)

Für den Salat:
- 1 Teelöffel Olivenöl
- 1 Esslöffel Balsamico-Essig
- 1/2 Pfund Mozzarella, in Scheiben geschnitten
- 1 Teelöffel Honig
- Pfeffer und Salz, je nach Bedarf (sehr wenig)

Wegbeschreibung:
1. In einer mittelgroßen Schüssel die Radieschen, das Salz, den schwarzen Pfeffer und das Öl gründlich vermischen und würzen.
2. Stellen Sie Ihre Fritteuse auf eine ebene Küchenfläche, schließen Sie sie an und schalten Sie sie ein. Stellen Sie die Temperatur auf 350ºF und lassen Sie sie 4-5 Minuten vorheizen.
3. Geben Sie die Mischung in den Korb. Den Frittierkorb in die Fritteuse schieben. 3 Minuten lang garen.
4. In einer mittelgroßen Schüssel die gebratenen Radieschen und den Mozzarellakäse gründlich vermischen.
5. In einer kleinen Schüssel die übrigen Zutaten gründlich vermischen und über den Salat geben!

Nährwert (Menge pro Portion):
Kalorien: 163; Fett: 29 g; Kohlenhydrate: 4 g; Eiweiß: 32 g

SPINAT-QUICHE

Vorbereitungszeit: 10 Minuten

Kochzeit: 18/22 Minuten

Reicht für: 3

Zutaten:
- 3 Eier
- 1 Tasse tiefgekühlter gehackter Spinat, aufgetaut und abgetropft
- 1/3 Becher Schlagsahne
- 2 Esslöffel Honigsenf
- 1/2 Tasse geriebener Schweizer oder Havarti-Käse
- 1/2 Teelöffel getrockneter Thymian
- Prise Salz (sehr wenig)
- Frisch gemahlener schwarzer Pfeffer, nach Geschmack (sehr wenig)
- Antihaft-Backspray mit Mehl

Wegbeschreibung:
1. In einer mittelgroßen Schüssel die Eier aufschlagen, bis sie vermengt sind. Spinat, Sahne, Honigsenf, Käse, Thymian, Salz und Pfeffer hinzufügen und gleichmäßig vermengen.
2. Einen Frittierkorb oder eine frittierfreundliche Pfanne mit Antihaftspray einsprühen. Die Eimischung hineingeben.
3. In der Heißluftfritteuse bei 380°F 18-22 Minuten backen, bis die Eimasse aufgeblasen, leicht goldgelb und fest ist.
4. 5 Minuten abkühlen lassen, dann in Stücke schneiden und servieren.

Nährwert (Menge pro Portion):
Kalorien: 203; Gesamtfett: 15 g; Kohlenhydrate: 6 g; Eiweiß: 71 g

SPARGEL & PARMESAN

Vorbereitungszeit: 10 Minuten

Kochzeit: 6 Minuten

Servieren Sie: 1

Zutaten:
- 1 Teelöffel Sesamöl
- 11 Unzen Spargel
- 1 Teelöffel Hühnerbrühe
- 1/2 Teelöffel gemahlener weißer Pfeffer
- 3 Unzen Parmesan

Wegbeschreibung:
1. Den Spargel waschen und grob hacken.
2. Den kleingeschnittenen Spargel mit der Hühnerbrühe und dem gemahlenen weißen Pfeffer bestreuen.
3. Dann den Spargel mit dem Sesamöl beträufeln und schütteln.
4. Den Spargel in den Korb der Fritteuse legen.
5. 4 Minuten bei 400ºF backen.
6. In der Zwischenzeit den Parmesankäse zerkleinern.
7. Am Ende der Garzeit den Spargel leicht schütteln und mit dem geriebenen Käse bestreuen.
8. Den Spargel weitere 2 Minuten bei 400ºF garen.
9. Danach den gekochten Spargel auf die Servierteller geben.

Nährwert (Menge pro Portion):
Kalorien: 139; Fett: 11,6 g; Kohlenhydrate: 7,9 g; Eiweiß: 57,2 g

MANGOLD MIT CHEDDAR

Vorbereitungszeit: 10 Minuten

Kochzeit: 11 Minuten

Servieren Sie: 1

Zutaten:
- 3 Unzen Cheddar-Käse, gerieben
- 10 oz Mangold
- 3 Esslöffel Sahne
- 1 Esslöffel Sesamöl
- Salz und Pfeffer nach Geschmack (sehr wenig)

Wegbeschreibung:
1. Mangold sorgfältig waschen und grob hacken.
2. Den gehackten Mangold mit Salz und gemahlenem Pfeffer bestreuen.
3. Vorsichtig umrühren.
4. Den Mangold mit dem Sesamöl beträufeln und mit Hilfe von 2 Spateln vorsichtig umrühren.
5. Die Fritteuse auf 260ºF vorheizen.
6. Gehackten Mangold in den Frittierkorb geben und 6 Minuten lang garen.
7. Schütteln Sie sie nach 3 Minuten Kochzeit.
8. Dann die Sahne in den Korb der Fritteuse geben und verrühren.
9. Weitere 3 Minuten kochen.
10. Dann die Temperatur auf 400ºF erhöhen.
11. Mit dem geriebenen Käse bestreuen und weitere 2 Minuten backen.
12. Danach das Gericht auf die Servierplatten geben. Guten Appetit!

Nährwert (Menge pro Portion):
Kalorien: 172; Fett: 22,3 g; Kohlenhydrate: 6,7 g; Eiweiß: 63,3 g

ZITRONIGE LINSEN MIT "GEBRATENEN" ZWIEBELN

Vorbereitungszeit: 10 Minuten

Kochzeit: 30/35 Minuten

Reicht für: 4

Zutaten:
- 1 Tasse rote Linsen
- 4 Tassen Wasser
- Speiseölspray (Sonnenblumen- oder Distelöl)
- 1 mittelgroße Zwiebel, geschält und in 1/4-Zoll-dicke Ringe geschnitten
- 1/2 Tasse Grünkohl, Stiele entfernt, in dünne Scheiben geschnitten
- 3 große Knoblauchzehen, gepresst oder gehackt
- 2 Esslöffel frischer Zitronensaft
- 2 Teelöffel Nährhefe
- 1/2 Teelöffel Meersalz
- 1 Teelöffel Zitronenschale
- ¾ Teelöffel frisch gemahlener schwarzer Pfeffer

Wegbeschreibung:
1. In einem mittelgroßen Topf die Linsen mit dem Wasser auf den Herd stellen und zugedeckt köcheln lassen, bis sich die Linsen vollständig aufgelöst haben, etwa 30 Minuten. Während des Kochens etwa alle 5 Minuten umrühren, damit die Linsen nicht am Topfboden festkleben.
2. Während die Linsen garen, den Frittierkorb mit Öl besprühen und die Zwiebelringe mit möglichst viel Abstand hineinlegen, mit Öl besprühen und leicht salzen.
3. Dann 5 Minuten frittieren und den Frittierkorb herausnehmen, umrühren und erneut mit Öl besprühen.
4. Weitere 5 Minuten braten.
5. Alle Zwiebelscheiben müssen knusprig und gut gebräunt sein. Wenn dies bei einigen Stücken der Fall ist, nehmen Sie sie aus dem Frittierkorb auf einen Teller.
6. Den Frittierkorb herausnehmen und die Zwiebeln erneut mit Öl besprühen. Weitere 5 Minuten frittieren oder bis alle Stücke knusprig und gebräunt sind.
7. Den Grünkohl zu den heißen Linsen geben und sehr gut umrühren, damit die Linsen fertig werden.

8. Knoblauch, Nährhefe, Zitronensaft, Schale, Salz und Pfeffer einrühren.
9. Sehr gut umrühren, gleichmäßig in Schüsseln verteilen und mit den knusprigen Zwiebelringen belegen.

Nährwert (Menge pro Portion):
Kalorien: 120; Gesamtfett: 1 g; Kohlenhydrate: 39 g; Eiweiß: 85 g

GEWÜRZT ROSEMARY-ROASTED RED POTATOES

Vorbereitungszeit: 5 Minuten

Kochzeit: 20 Minuten

Reicht für: 6

Zutaten:
- 1 Pfund rote Kartoffeln, geviertelt
- ¼ Tasse Olivenöl
- ½ Teelöffel koscheres Salz
- ¼ Teelöffel schwarzer Pfeffer
- 1 Knoblauchzehe, gehackt
- 4 Rosmarinzweige

Wegbeschreibung:
1. Die Fritteuse auf 360°F vorheizen.
2. Die Kartoffeln in einer großen Schüssel mit dem Olivenöl, Salz, Pfeffer und Knoblauch verrühren, bis sie vollständig bedeckt sind.
3. Legen Sie die Kartoffeln in den Frittierkorb und streuen Sie die Rosmarinzweige darüber.
4. 10 Minuten backen, dann umrühren oder die Kartoffeln umdrehen und weitere 10 Minuten backen.
5. Die Rosmarinzweige entfernen und die Kartoffeln abschmecken. Mit zusätzlichem Salz und schwarzem Pfeffer nach Belieben würzen.

Nährwert (Menge pro Portion):
Kalorien: 133; Fett: 9g; Kohlenhydrate: 12g; Eiweiß: 1g

BOHNENKRAUT PARMESAN AND HERB SWEET POTATOES

Vorbereitungszeit: 10 Minuten

Kochzeit: 18 Minuten

Reicht für: 4

Zutaten:
- 2 große Süßkartoffeln, geschält und gewürfelt
- ¼ Tasse Olivenöl
- 1 Teelöffel getrockneter Rosmarin
- ½ Teelöffel Salz
- 2 Esslöffel geriebener Parmesan

Wegbeschreibung:
1. Die Fritteuse auf 360°F vorheizen.
2. Die Süßkartoffeln mit dem Olivenöl, dem Rosmarin und dem Salz in einer großen Schüssel verrühren.
3. Die Kartoffeln in den Frittierkorb geben und 10 Minuten backen, dann umrühren oder schwenken und mit dem Parmesan bestreuen. Weitere 8 Minuten backen.
4. Sofort servieren.

Nährwert (Menge pro Portion):
Kalorien: 186; Fett: 14g; Kohlenhydrate: 13g; Eiweiß: 2g

GESUNDE CRISPY LEMON ARTICHOKE HEARTS

Vorbereitungszeit: 10 Minuten

Kochzeit: 15 Minuten

Reicht für: 2

Zutaten:
- 1 (15-Unzen) Dose Artischockenherzen in Wasser, abgetropft
- 1 Ei
- 1 Esslöffel Wasser
- ¼ Tasse Vollkornbrotkrümel
- ¼ Teelöffel Salz
- ¼ Teelöffel Paprika
- ½ Zitrone

Wegbeschreibung:
1. Die Fritteuse auf 380°F vorheizen.
2. In einer mittelgroßen flachen Schüssel das Ei und das Wasser schaumig rühren.
3. Die Semmelbrösel, das Salz und das Paprikapulver in einer separaten, mittelgroßen, flachen Schüssel verrühren.
4. Jedes Artischockenherz in die Eimischung und dann in die Brotkrumenmischung tauchen, so dass die Außenseite jedes Artischockenherzens gleichmäßig mit den Krümeln bedeckt ist. Die Artischockenherzen in einer einzigen Schicht in den Korb der Fritteuse legen.
5. Die Artischockenherzen 15 Minuten lang rösten.
6. Die Artischocken aus der Fritteuse nehmen und vor dem Servieren mit etwas frischem Zitronensaft beträufeln.

Nährwert (Menge pro Portion):
Kalorien: 91; Fett: 2g; Kohlenhydrate: 16g; Eiweiß: 5g

SPICY HONEY-WALNUT CARROTS

Vorbereitungszeit: 5 Minuten

Kochzeit: 12 Minuten

Reicht für: 6

Zutaten:
- 1 Pfund Babymöhren
- 2 Esslöffel Olivenöl
- ¼ Tasse roher Honig
- ¼ Teelöffel gemahlener Zimt
- ¼ Tasse schwarze Walnüsse, gehackt

Wegbeschreibung:
1. Die Fritteuse auf 360°F vorheizen.
2. In einer großen Schüssel die Babykarotten mit Olivenöl, Honig und Zimt verrühren, bis sie vollständig bedeckt sind.
3. Die Karotten in die Fritteuse geben und 6 Minuten lang backen. Den Korb schütteln, mit den Walnüssen bestreuen und weitere 6 Minuten backen.
4. Die Karotten aus der Fritteuse nehmen und sofort servieren.

Nährwert (Menge pro Portion):
Kalorien: 146; Fett: 8g; Kohlenhydrate: 20g; Eiweiß: 1g

HEALTHY RED PEPPERS WITH HERBED RICOTTA AND TOMATOES

Vorbereitungszeit: 10 Minuten

Kochzeit: 20 Minuten

Reicht für: 4

Zutaten:
- 2 rote Paprikaschoten
- 1 Tasse gekochter brauner Reis
- 2 Roma-Tomaten, gewürfelt
- 1 Knoblauchzehe, gehackt
- ¼ Teelöffel Salz
- ¼ Teelöffel schwarzer Pfeffer
- 4 Unzen Ricotta
- 3 Esslöffel frisches Basilikum, gehackt
- 3 Esslöffel frischer Oregano, gehackt
- ¼ Tasse geriebener Parmesan, zum Bestreuen

Wegbeschreibung:
1. Die Fritteuse auf 360°F vorheizen.
2. Die Paprikaschoten halbieren und die Kerne und den Stiel entfernen.
3. Den braunen Reis, die Tomaten, den Knoblauch, das Salz und den Pfeffer in einer mittelgroßen Schüssel mischen.
4. Die Reisfüllung gleichmäßig in vier Teile teilen und in die vier Paprikahälften füllen.
5. Ricotta, Basilikum und Oregano in einer kleinen Schüssel mischen. Den Kräuterkäse auf die Reismischung in jeder Paprikahälfte geben.
6. Die Paprikaschoten in die Fritteuse geben und 20 Minuten backen.
7. Herausnehmen, mit geriebenem Parmesan bestreuen und sofort servieren.

Nährwert (Menge pro Portion):
Kalorien: 156; Fett: 6g; Kohlenhydrate: 19g; Eiweiß: 8g

KAPITEL 8: SNACK-REZEPTE

CRUNCHY CHILI CHICKPEAS

Vorbereitungszeit: 5 Minuten

Kochzeit: 15 Minuten

Reicht für: 4

Zutaten:
- 1 (15-Unzen) Dose gekochte Kichererbsen, abgetropft und abgespült
- 1 Esslöffel Olivenöl
- ¼ Teelöffel Salz
- ⅛ Teelöffel Chilipulver
- ⅛ Teelöffel Knoblauchpulver
- ⅛ Teelöffel Paprika

Wegbeschreibung:
1. Die Fritteuse auf 380°F vorheizen.
2. Alle Zutaten in einer mittelgroßen Schüssel verrühren oder schwenken, bis die Kichererbsen vollständig bedeckt sind.
3. Die Kichererbsen in die Fritteuse geben und in einer einzigen Schicht ausbreiten.
4. 15 Minuten backen, nach der Hälfte der Zeit umrühren.

Nährwert (Menge pro Portion):

Kalorien: 109; Fett: 5g; Kohlenhydrate: 13g; Eiweiß: 4g

QUICKIE GREEK YOGURT DEVILED EGGS

Vorbereitungszeit: 15 Minuten

Kochzeit: 15 Minuten

Reicht für: 4

Zutaten:
- 4 Eier
- ¼ Tasse fettarmer griechischer Joghurt
- 1 Teelöffel gehackter frischer Dill
- ⅛ Teelöffel Salz
- ⅛ Teelöffel Paprika
- ⅛ Teelöffel Knoblauchpulver
- Gehackte frische Petersilie, zum Garnieren

Wegbeschreibung:
1. Die Heißluftfritteuse auf 260°F vorheizen.
2. Die Eier in einer einzigen Schicht in den Korb der Fritteuse legen und 15 Minuten lang backen.
3. Die Eier schnell aus der Fritteuse nehmen und unter kaltem Wasser 10 Minuten lang abkühlen lassen, dann herausnehmen und pellen.
4. Nach dem Schälen der Eier diese in zwei Hälften schneiden.
5. Das Eigelb in eine kleine Schüssel schöpfen. Joghurt, Dill, Salz, Paprika und Knoblauchpulver in die Schüssel geben und glatt rühren.
6. Mit einem Löffel oder einem Rohr die Eigelbmischung in das halbierte Eiweiß geben. Mit frischer Petersilie bestreut servieren.

Nährwert (Menge pro Portion):
Kalorien: 80; Fett: 5g; Kohlenhydrate: 1g; Eiweiß: 8g

Süß Dark Chocolate and Cranberry Granola Bars

Vorbereitungszeit: 5 Minuten

Kochzeit: 15 Minuten

Reicht für: 6

Zutaten:
- 2 Tassen zertifizierte glutenfreie Haferflocken
- 2 Esslöffel zuckerfreie dunkle Schokoladenstückchen
- 2 Esslöffel ungesüßte getrocknete Cranberries
- 3 Esslöffel ungesüßte Kokosraspeln
- ½ Tasse roher Honig
- 1 Teelöffel gemahlener Zimt
- ⅛ Teelöffel Salz
- 2 Esslöffel Olivenöl

Wegbeschreibung:
1. Die Heißluftfritteuse auf 360°F vorheizen. Eine 8 x 8-Zoll-Backform mit einer Lage Pergamentpapier auslegen, die bis zum Rand reicht, und nach dem Backen entfernen.
2. Vermengen Sie alle Zutaten in einer großen Schüssel, bis sie gut vermischt sind.
3. Drücken Sie die Hafermischung in einer gleichmäßigen Schicht in die Form.
4. Die Pfanne in den Korb der Fritteuse stellen und 15 Minuten lang backen.
5. Nehmen Sie die Pfanne aus der Fritteuse und heben Sie den Müslikuchen mit dem Rand des Pergamentpapiers aus der Pfanne.
6. Lassen Sie ihn 5 Minuten ruhen, bevor Sie ihn gleichmäßig in 6 Riegel schneiden.
7. Sofort genießen oder in Frischhaltefolie einwickeln und bei Zimmertemperatur bis zu 1 Woche aufbewahren.

Nährwert (Menge pro Portion):

Kalorien: 272; Fett: 10g; Kohlenhydrate: 44g; Eiweiß: 5g

HAUSGEMACHTE DARK CHOCOLATE LAVA CAKE

Vorbereitungszeit: 5 Minuten

Kochzeit: 10 Minuten

Reicht für: 4

Zutaten:
- Kochspray mit Olivenöl
- ¼ Tasse Weizenvollkornmehl
- 1 Esslöffel ungesüßtes dunkles Schokoladen-Kakaopulver
- ⅛ Teelöffel Salz
- ½ Teelöffel Backpulver
- ¼ Tasse roher Honig
- 1 Ei
- 2 Esslöffel Olivenöl

Wegbeschreibung:
1. Die Heißluftfritteuse auf 380°F vorheizen. Die Innenseiten von vier Auflaufformen leicht mit Kochspray oder Olivenöl bestreichen.
2. Mehl, Kakaopulver, Salz, Backpulver, Honig, Ei und Olivenöl in einer mittelgroßen Schüssel mischen.
3. Den Teig gleichmäßig aufteilen und in die Förmchen füllen.
4. Die gefüllten Förmchen in die Fritteuse stellen und 10 Minuten lang backen.
5. Die Lavakuchen aus der Fritteuse nehmen und mit einem Messer an der Außenkante jedes Kuchens entlangfahren. Jede Auflaufform mit der Oberseite nach unten auf einen Teller stellen und sofort servieren.

Nährwert (Menge pro Portion):
Kalorien: 179; Fett: 8g; Kohlenhydrate: 26g; Eiweiß: 3g

Gesunde Carrot Cake Cupcakes

Vorbereitungszeit: 10 Minuten

Kochzeit: 12 Minuten

Reicht für: 6

Zutaten:
- Kochspray mit Olivenöl
- 1 Tasse geriebene Möhren
- ¼ Tasse roher Honig
- ¼ Tasse Olivenöl
- ½ Teelöffel Vanilleextrakt
- 1 Ei
- ¼ Tasse ungesüßtes Apfelmus
- 1 ⅓ Tasse Weizenvollkornmehl
- ¾ Teelöffel Backpulver
- ½ Teelöffel Backpulver
- ½ Teelöffel gemahlener Zimt
- ¼ Teelöffel gemahlene Muskatnuss
- ⅛ Teelöffel gemahlener Ingwer
- ⅛ Teelöffel Salz
- ¼ Tasse gehackte Walnüsse
- 2 Esslöffel gehackte goldene Rosinen

Wegbeschreibung:
1. Die Heißluftfritteuse auf 380°F vorheizen. Die Innenseite von sechs Silikonmuffinförmchen oder einer Muffinform mit sechs Mulden leicht mit Kochspray oder Olivenöl bestreichen.
2. Möhren, Honig, Olivenöl, Vanilleextrakt, Ei und ungesüßtes Apfelmus in einer mittelgroßen Schüssel vermischen.
3. Mehl, Backpulver, Natron, Zimt, Muskatnuss, Ingwer und Salz in einer separaten mittelgroßen Schüssel vermischen.
4. Die feuchten Zutaten zu den trockenen Zutaten geben und rühren, bis sie sich gerade verbunden haben.
5. Die Walnüsse und Rosinen vorsichtig unterheben. Die Muffinförmchen zu drei Vierteln mit dem Teig füllen und in den Korb der Fritteuse stellen.
6. 10 bis 12 Minuten backen, oder bis ein Zahnstocher in der Mitte sauber herauskommt.

7. Direkt genießen oder bis zum Servieren in einem luftdichten Behälter aufbewahren.

Nährwert (Menge pro Portion):
Kalorien: 277; Fett: 14g; Kohlenhydrate: 36g; Eiweiß: 6g

GESUNDER VEGETARISCHER TOAST

Vorbereitungszeit: 12 Minuten

Kochzeit: 13 Minuten

Reicht für: 4

Zutaten:
- 1 rote Paprika, in 1/2-Zoll-Streifen geschnitten
- 1 Tasse in Scheiben geschnittene Champignons oder Cremini
- 1 kleiner gelber Kürbis, in Scheiben geschnitten
- 2 grüne Zwiebeln, in 1/2-Zoll-Scheiben geschnitten
- Leichtes Olivenöl extra zum Besprühen
- 4 bis 6 Stück geschnittenes italienisches oder französisches Brot
- 2 Esslöffel weiche Butter
- 1/2 Tasse weicher Ziegenkäse

Wegbeschreibung:
1. Grüne Zwiebeln, rote Paprika, Pilze und Kürbis in der Fritteuse mischen und mit Öl beträufeln. Braten, bis das Gemüse zart ist, etwa 9 Minuten lang. Den Korb während der Garzeit einmal umschwenken.
2. Das Gemüse aus dem Korb nehmen und beiseite stellen.
3. Das Brot mit Butter bestreichen und mit der Butterseite nach oben in die Fritteuse legen. Etwa 4 Minuten oder bis sie goldbraun sind, rösten.
4. Das getoastete Brot mit dem Ziegenkäse bestreuen und das Gemüse darauf geben. Sofort servieren.

Nährwert (Menge pro Portion):
Kalorien: 162; Gesamtfett: 11 g; Kohlenhydrate: 9 g; Eiweiß: 37 g

SCHNELLE CHIMICHANGA

Vorbereitungszeit: 2 Minuten

Kochzeit: 5/8 Minuten

Servieren Sie: 1

Zutaten:
- 1 Vollkorntortilla
- 1/2 Tasse vegane gebratene Bohnen
- 1/4 Tasse geriebener veganer Käse (optional)
- Speiseölspray (Sonnenblume, Färberdistel)
- 1/2 Tasse frische Salsa
- 2 Tassen gehackter Römersalat (etwa 1/2 Kopf)
- Guacamole (wahlweise)
- Gehackter Koriander (wahlweise)
- Käsesoße (optional)

Wegbeschreibung:
1. Die Tortilla auf eine flache Unterlage legen und die Bohnen in der Mitte anordnen. Nach Belieben den Käse darüber geben.
2. Den Boden über die Füllung wickeln und dann die Seiten einschlagen. Dann alles aufrollen, um die Bohnen im Inneren der Tortilla zu versiegeln.
3. Den Frittierkorb leicht mit Ölspray besprühen und die Tortillawickel mit der Naht nach unten in den Korb legen. Die Oberseite der Chimichanga mit Ölspray besprühen.
4. Etwa 5/8 Minuten bei 350F braten und die Oberseite und die Seiten mit Öl einfetten; umdrehen und die andere Seite mit Öl besprühen. Braten, bis sie knusprig und gebräunt sind.
5. Auf einen Teller geben und die Guacamole, die Käsesauce, die Salsa, den Salat und nach Wunsch den Koriander hinzufügen. Warm servieren.

Nährwert (Menge pro Portion):
Kalorien: 187; Gesamtfett: 6 g; Kohlenhydrate: 25 g; Eiweiß: 53 g

SÜßE APFELCHIPS MIT ZIMT UND JOGHURTSAUCE

Vorbereitungszeit: 5 Minuten

Kochzeit: 12 Minuten

Reicht für: 4

Zutaten:
- 230 g Apfel (z. B. Fuji oder Honeycrisp)
- 1 Teelöffel gemahlener Zimt
- 2 Teelöffel Rapsöl
- Speiseölspray (nach Bedarf)
- 1/4 Tasse fettarmer griechischer Joghurt (1%)
- 1 Teelöffel Honig
- 1 Esslöffel Mandelbutter

Wegbeschreibung:
1. Heizen Sie die Fritteuse auf 375°Fahrenheit/191°Celsius vor.
2. Den Apfel auf einem Mandoliner in dünne Scheiben schneiden. Die Scheiben in einer Schüssel mit Rapsöl und Zimt verrühren, bis sie vollständig bedeckt sind.
3. Den Frittierkorb mit Kochspray leicht einölen.
4. In den Korb sieben bis acht in Scheiben geschnittene Äpfel legen. (einlagig).
5. 12 Minuten lang bei 375° F in der Luft frittieren, dabei alle 4 Minuten wenden und die Scheiben austauschen, um sie zu glätten. Sie werden auch nach dem Abkühlen noch knusprig. Den Vorgang mit den restlichen Apfelscheiben wiederholen.
6. Den Joghurt mit dem Honig und der Mandelbutter in einem Mixbehälter glatt rühren.
7. Sechs bis acht in Scheiben geschnittene Äpfel auf jeden Teller legen und mit einem kleinen Klecks Dip-Sauce bestreichen. Sofort servieren.

Nährwert (Menge pro Portion):
Kohlenhydrate: 17 g; Fett: 3 g; Eiweiß: 58 g; Kalorien: 104

REICHHALTIGE MOZZARELLA-KÄSE-HÄPPCHEN MIT MARINARA-SOßE

Vorbereitungszeit: 15 Minuten

Kochzeit: 1 Stunde + 6/10 Minuten

Reicht für: 12 Käsehäppchen oder 6 Portionen

Zutaten:
- 1 Ei, leicht verquirlt
- 1 Esslöffel Wasser
- 1/2 Tasse Allzweckmehl
- 1/2 Esslöffel Salz
- 1/2 Teelöffel getrocknetes italienisches Gewürz
- 3/4 Tasse Panko-Paniermehl
- 6 Mozzarella-Käsestangen
- Kochspray
- 3/4 Tasse Marinara-Sauce
- Roter Pfeffer, nach Geschmack (sehr wenig)

Wegbeschreibung:
1. Die Mozzarella-Käsestangen kreuzweise halbieren.
2. In einer flachen Rührschüssel das Ei mit dem Wasser verquirlen.
3. In einer anderen flachen Schüssel das Mehl mit den italienischen Gewürzen und dem Salz vermischen.
4. Die Semmelbrösel in einer dritten flachen Schale verteilen.
5. Die Käsestangen in die Eimischung tauchen, dann mit der Mehlmischung bedecken. Erneut in die Eimischung und dann in die Semmelbrösel tauchen, bis sie gleichmäßig bedeckt sind.
6. Auf ein Backblech legen und einfrieren, bis sie fest sind (1 Std.).
7. Die Heißluftfritteuse auf 360°Fahrenheit/182°Celsius vorheizen.
8. Sprühen Sie den Frittierkorb leicht mit Kochspray ein.
9. Gefrorene Käsehäppchen in der Fritteuse anordnen (einlagig). Gegebenenfalls müssen Sie schubweise vorgehen. Achten Sie darauf, dass Sie nicht überfüllt sind.
10. 4-6 Minuten backen, bis sie goldbraun sind und der Käse gerade zu schmelzen beginnt. Den Vorgang mit den restlichen Bissen wiederholen.
11. In der Zwischenzeit die rote Paprika und die Marinarasauce mischen, falls gewünscht.

12. Genießen Sie die Bissen mit Marinara-Sauce. Guten Appetit.

Nährwert (Menge pro Portion):
    Kohlenhydrate: 22,6 g; Fett: 6,7 g; Eiweiß: 50,9 g; Kalorien: 122.9

VEGETARISCHE GRÜNKOHLCHIPS

Vorbereitungszeit: 5 Minuten

Kochzeit: 7 Minuten

Reicht für: 2

Zutaten:
- 1 Bündel Grünkohl
- 2 Teelöffel Olivenöl
- 1 Esslöffel Nährhefe
- 1/8 Teelöffel schwarzer Pfeffer
- 1/4 Teelöffel Meersalz

Wegbeschreibung:
1. Heizen Sie die Heißluftfritteuse auf 390°Fahrenheit/199°Celsius vor.
2. Den Grünkohl gründlich waschen und trocken tupfen. Die Blätter von den Stielen des Grünkohls abschneiden und in einen Mixbehälter geben.
3. Salz, Nährhefe, Pfeffer und Olivenöl hinzufügen. Den Belag mit den Händen in die Grünkohlblätter einmassieren.
4. Den Grünkohl in den Korb der Fritteuse geben und 6-7 Minuten garen, bis er knusprig ist.
5. Wenn Sie nur eine kleine Fritteuse haben, sollten Sie die Pommes frites in zwei Chargen zubereiten, da sie sonst den Korb der Fritteuse überfüllen.
6. Servieren Sie sie heiß oder leicht abgekühlt.
7. Bewahren Sie übrig gebliebene Chips in einem Zip-Top-Beutel für weniger als fünf Tage auf.

Nährwert (Menge pro Portion):
Kohlenhydrate: 9,1 g; Fett: 5,3 g; Eiweiß: 33,8 g; Kalorien: 90

KAPITEL 9: VORSPEISENREZEPTE

UNKOMPLIZIERTE KEKSE AUS DER HEIßLUFTFRITTEUSE

Vorbereitungszeit: 5 Minuten

Kochzeit: 6/10 Minuten

Reicht für: 4

Zutaten:
- 2 Esslöffel Butter, geschmolzen
- 1 Tasse geschredderter Cheddar-Käse
- 2 große Eier
- 1/2 Teelöffel Backpulver
- 1 Tasse Mandelmehl
- 1/4 Teelöffel rosa Himalayasalz
- 2 Esslöffel saure Sahne

Wegbeschreibung:
1. Salz, Backpulver und Mandelmehl in ein großes Gefäß geben.
2. Den Cheddarkäse mit der Hand verrühren, bis er fein gemischt ist.
3. Die saure Sahne, die Butter und die Eier in die Mitte geben und mit einer großen Gabel, einem Löffel oder den Händen zu einem klebrigen Teig verarbeiten.
4. Legen Sie ein Stück Pergamentpapier in Ihren Frittierkorb. 1/4 Tasse (für große) oder 2 Esslöffel (für kleine) Teigportionen auf das Pergamentpapier geben.
5. In der Luft bei 400ºF 6 (kleine) bis 10 (große) Minuten lang goldbraun und durchgebraten backen. Den Vorgang mit dem restlichen Teig nach Bedarf wiederholen.
6. Warm servieren!

Nährwert (Menge pro Portion):
   Kalorien: 117; Fett: 15 g; Kohlenhydrate: 3 g; Eiweiß: 47 g

ERNÄHRUNGSWISSENSCHAFTLICHE CHEESEBURGER-HÄPPCHEN

Vorbereitungszeit: 10 Minuten

Kochzeit: 23/25 Minuten

Reicht für: 4

Zutaten:
- 1/2 Tasse geriebener Parmesan
- 1/4 Tasse zuckerreduzierter Ketchup
- 1 lb. Mageres Rinderhackfleisch
- 3 Esslöffel Senf
- 1/2 Tasse Semmelbrösel
- 50 g Dillgurken, fein gewürfelt
- 1/2 Tasse fettfreier geriebener Cheddar
- 3/4 Tasse flüssiges Eiweiß

Wegbeschreibung:
1. Den Ofen auf 400ºF vorheizen und 24 Muffinförmchen großzügig mit Antihaft-Kochspray besprühen.
2. In einer großen Pfanne Rinderhackfleisch (oder Fleisch Ihrer Wahl) bei mittlerer bis hoher Hitze anbraten.
3. Während das Fleisch gart, die restlichen Zutaten in einer großen Schüssel vermengen.
4. Nach dem weitgehenden Abkühlen das gekochte Fleisch zu den restlichen Zutaten geben und glatt rühren.
5. Den Teig in ein Mini-Muffinblech geben. Überschüssigen Teig zwischen den Schlitzen unbedingt entfernen.
6. Bei 400ºF backen, bis die Muffin-Oberteile goldbraun sind, etwa 23-25 Minuten.

Nährwert (Menge pro Portion):
Kalorien: 48; Fett: 1,3 g; Kohlenhydrate: 2,3 g; Eiweiß: 76,8 g

VEGANE WURST-, EIER- UND KÄSEHÄPPCHEN

Vorbereitungszeit: 10 Minuten

Kochzeit: 20/25 Minuten

Reicht für: 6

Zutaten:
- 1 lb. vegane Wurst, gekocht und leicht abgekühlt
- 4 Unzen Frischkäse, erweicht
- 1 Tasse geschredderter Cheddar
- 1/3 Tasse Kokosnussmehl
- 1/2 Teelöffel Backpulver
- 3 Eier, verquirlt

Wegbeschreibung:
1. Die Heißluftfritteuse auf 350ºF vorheizen.
2. Vegane Wurst gründlich kochen. Abgießen und beiseite stellen, um sie etwas abzukühlen.
3. Wenn die vegane Wurst etwas abgekühlt ist, in eine Schüssel geben und mit dem Frischkäse vermischen, bis keine Klumpen mehr vorhanden sind und die Masse glatt ist.
4. Das Backpulver, die Eier, den Käse und das Kokosmehl hinzugeben und gut verrühren.
5. Wenn die Mischung gut vermischt ist, lassen Sie sie 5-10 Minuten abkühlen. Das Kokosnussmehl nimmt weiterhin Feuchtigkeit auf. Wenn es also flüssig erscheint, ist es das nicht.
6. Sprühen Sie ein Backblech mit Öl ein und legen Sie die Eier- und Käsewürste mit einem kleinen Kochlöffel auf das Backblech.
7. In der Fritteuse bei 350ºF 18 bis 20 Minuten backen.
8. Sofort servieren!

Nährwert (Menge pro Portion):
Kalorien: 79; Fett: 5,9 g; Kohlenhydrate: 1,2 g; Eiweiß: 65 g

GEWÜRZTE EIER MIT PETERSILIE

Vorbereitungszeit: 20 Minuten

Kochzeit: 16 Minuten

Reicht für: 12

Zutaten:
- 3 Tassen Eis
- 12 große Eier
- 2 Esslöffel fein gehackte Petersilie
- 1/2 Tasse Mayonnaise
- 1/4 Tasse gewürfelte Zwiebel
- 2 Teelöffel Salz
- 2 Teelöffel gelber Senf
- 1 Teelöffel frisch gemahlener schwarzer Pfeffer

Wegbeschreibung:
1. Das Eis in eine große Schüssel geben und beiseite stellen. Dann die Eier in einer einzigen Pfanne in der Heißluftfritteuse anordnen.
2. Stellen Sie die Temperatur auf 250ºF (121ºC) und die Zeit auf 16 Minuten ein.
3. Die Eier in einer großen Schüssel mit Eis abkühlen lassen.
4. Die Eier schälen und der Länge nach halbieren. Dann das Eigelb in eine kleine Schüssel geben.
5. Senf, Salz, Zwiebel, Pfeffer, Essiggurken und Mayonnaise hinzufügen und mit einer Gabel fein pürieren.
6. Jede Eiweißhälfte mit 1 bis 2 Teelöffeln der Eigelbmischung füllen.
7. Mit der Petersilie bestreuen und sofort servieren.

Nährwert (Menge pro Portion):
Kalorien: 110; Kohlenhydrate: 0 g; Fett: 4 g; Eiweiß: 56 g

KÄSIGER SPINAT-DIP

Vorbereitungszeit: 10 Minuten

Kochzeit: 40 Minuten

Reicht für: 8

Zutaten:
- 8 Unzen Frischkäse, erweicht
- 1/4 Teelöffel Knoblauchpulver
- 1/2 Tasse Zwiebel, gehackt
- 1/3 Tasse Wasserkastanien, zerkleinert
- 1 Tasse Mayonnaise
- 1 Tasse Parmesankäse, gerieben
- 1 Tasse gefrorener Spinat, aufgetaut und ausgedrückt
- 1/2 Teelöffel Pfeffer

Wegbeschreibung:
1. Die Auflaufform der Fritteuse leicht mit Kochspray einölen.
2. Alle Zutaten in eine Schüssel geben und gut verrühren.
3. Den Teig in die vorbereitete Auflaufform geben und in den Korb der Fritteuse schieben.
4. 35-40 Minuten bei 300ºF garen. Nach 20 Minuten Garzeit einmal umdrehen.
5. Warm servieren.

Nährwert (Menge pro Portion):
Kalorien: 160; Fett: 20,5 g; Kohlenhydrate: 9,3 g; Eiweiß: 33,8 g

FETA AND QUINOA STUFFED MUSHROOMS

Vorbereitungszeit: 5 Minuten

Kochzeit: 8 Minuten

Reicht für: 6

Zutaten:
- 2 Esslöffel fein gewürfelte rote Paprika
- 1 Knoblauchzehe, gehackt
- ¼ Tasse gekochte Quinoa
- ⅛ Teelöffel Salz
- ¼ Teelöffel getrockneter Oregano
- 24 Champignons, entstielt
- 2 Unzen zerbröckelter Feta
- 3 Esslöffel Vollkornbrotkrümel
- Kochspray mit Olivenöl

Wegbeschreibung:
1. Die Fritteuse auf 360°F vorheizen.
2. Paprika, Knoblauch, Quinoa, Salz und Oregano in einer kleinen Schüssel mischen.
3. Die Quinoa-Füllung mit einem Löffel in die Pilzköpfe geben, bis sie gerade gefüllt sind.
4. Auf jeden Pilz ein kleines Stück Feta geben.
5. Eine Prise Semmelbrösel über den Feta streuen.
6. Sprühen Sie Kochspray oder Olivenöl in den Korb der Fritteuse und legen Sie die Pilze vorsichtig hinein, ohne dass sie sich gegenseitig berühren. (Je nach Größe der Fritteuse müssen Sie sie eventuell in zwei Chargen garen).
7. Setzen Sie den Korb in die Fritteuse und backen Sie ihn 8 Minuten lang.
8. Aus der Fritteuse nehmen und genießen.

Nährwert (Menge pro Portion):
Kalorien: 97; Fett: 4g; Kohlenhydrate: 11g; Eiweiß: 7g

SCHNELLES LEMON SHRIMP WITH GARLIC OLIVE OIL

Vorbereitungszeit: 5 Minuten

Kochzeit: 6 Minuten

Reicht für: 4

Zutaten:
- 1 Pfund mittelgroße Garnelen, gesäubert und entdarmt
- ¼ Tasse plus 2 Esslöffel Olivenöl, aufgeteilt
- Saft von ½ Zitrone
- 3 Knoblauchzehen, gehackt und geteilt
- ½ Teelöffel Salz
- ¼ Teelöffel rote Paprikaflocken
- Zitronenspalten, zum Servieren (optional)
- Marinara-Soße, zum Dippen (optional)

Wegbeschreibung:
1. Die Heißluftfritteuse auf 380°F vorheizen.
2. Die Garnelen mit 2 Esslöffeln Olivenöl, dem Zitronensaft, ⅓ des gehackten Knoblauchs, Salz und roten Pfefferflocken in einer großen Schüssel vermengen. Durchschwenken, damit die Garnelen vollständig bedeckt sind.
3. In einer kleinen Auflaufform die restliche ¼ Tasse Olivenöl und den restlichen gehackten Knoblauch gut vermischen.
4. Reißen Sie ein 12 x 12 Zoll großes Stück Alufolie ab. Die Garnelen in die Mitte der Folie geben, dann die Seiten hochklappen und die Ränder aufrollen, so dass eine oben offene Alufolienschale entsteht. Dieses Paket in den Korb der Fritteuse legen.
5. Die Garnelen 4 Minuten lang braten, dann die Fritteuse einschalten und die Auflaufform mit Öl und Knoblauch in den Korb neben dem Garnelenpaket stellen. Weitere 2 Minuten garen.
6. Die Garnelen auf einen Servierteller oder eine Servierplatte geben und in einer Auflaufform mit Knoblauch und Olivenöl einweichen. Mit Zitronenspalten und ggf. Marinara-Sauce servieren.

Nährwert (Menge pro Portion):
Kalorien: 264; Fett: 21g; Kohlenhydrate: 2g; Eiweiß: 16g

HAUSGEMACHTE BAKED SPANAKOPITA DIP

Vorbereitungszeit: 10 Minuten

Kochzeit: 15 Minuten

Reicht für: 2

Zutaten:
- Kochspray mit Olivenöl
- 3 Esslöffel Olivenöl, aufgeteilt
- 2 Esslöffel gehackte weiße Zwiebel
- 2 Knoblauchzehen, gehackt
- 4 Tassen frischer Spinat
- 4 Unzen Frischkäse, erweicht
- 4 Unzen Feta-Käse, geteilt
- Schale von 1 Zitrone
- ¼ Teelöffel gemahlene Muskatnuss
- 1 Teelöffel getrockneter Dill
- ½ Teelöffel Salz
- Pita-Chips, Karottenstäbchen oder geschnittenes Brot zum Servieren (optional)

Wegbeschreibung:
1. Die Heißluftfritteuse auf 360°F vorheizen. Die Innenseite einer 6-Zoll-Auflaufform oder eines Backblechs mit Kochspray oder Olivenöl bestreichen.
2. 1 Esslöffel Olivenöl bei mittlerer Hitze in einer großen Pfanne erhitzen. Die Zwiebel in die Pfanne geben und 1 Minute lang braten.
3. Den Knoblauch in die Pfanne geben und unter Rühren noch 1 Minute kochen.
4. Die Hitze auf niedrig stellen und den Spinat und das Wasser hinzugeben, gut umrühren. 2 bis 3 Minuten kochen lassen oder bis der Spinat verwelkt ist, dann die Pfanne vom Herd nehmen.
5. Den Frischkäse, 2 Unzen Feta und die restlichen 2 Esslöffel Olivenöl zusammen mit der Zitronenschale, Muskatnuss, Dill und Salz in einer mittelgroßen Schüssel vermengen. Umrühren, bis alles gut vermischt ist.
6. Das Gemüse zur Käsemasse geben und mischen, bis alles gut vermischt ist.
7. Die Dip-Mischung in die vorbereitete Auflaufform geben und mit den restlichen 2 Unzen Fetakäse bestreuen.
8. Den Dip in den Frittierkorb geben und 10 Minuten lang garen, oder bis er durcherhitzt ist, und zum Kochen bringen.
9. Nach Belieben mit Pita-Chips, Karottenstiften oder Toast servieren.

Nährwert (Menge pro Portion):
Kalorien: 550; Fett: 52g; Kohlenhydrate: 9g; Eiweiß: 14g

PIKANT ROASTED PEARL ONION DIP

Vorbereitungszeit: 5 Minuten

Kochzeit: 12 Minuten

Reicht für: 4

Zutaten:
- 2 Tassen geschälte Perlzwiebeln
- 3 Knoblauchzehen
- 3 Esslöffel Olivenöl, aufgeteilt
- ½ Teelöffel Salz
- 1 Tasse fettarmer griechischer Joghurt
- 1 Esslöffel Zitronensaft
- ¼ Teelöffel schwarzer Pfeffer
- ⅛ Teelöffel rote Paprikaflocken
- Pita-Chips, Gemüse oder geröstetes Brot zum Servieren (optional)

Wegbeschreibung:
1. Die Fritteuse auf 360°F vorheizen.
2. In einer großen Schüssel die Perlzwiebeln und den Knoblauch mit 2 Esslöffeln Olivenöl mischen, bis die Zwiebeln gleichmäßig bedeckt sind.
3. Die Knoblauch-Zwiebel-Mischung in den Korb der Fritteuse geben und 12 Minuten lang frittieren.
4. Den Knoblauch und die Zwiebeln in eine Küchenmaschine geben. Das Gemüse ein paar Mal pulsieren, bis die Zwiebeln fein gehackt sind, aber noch ein paar Stückchen haben.
5. Knoblauch und Zwiebeln mit dem restlichen 1 Esslöffel Olivenöl, Salz, Joghurt, Zitronensaft, schwarzem Pfeffer und roten Paprikaflocken in einer großen Schüssel vermengen.
6. Abgedeckt 1 Stunde in den Kühlschrank stellen und dann nach Belieben mit Pita-Chips, Gemüse oder Toast servieren.

Nährwert (Menge pro Portion):
Kalorien: 150; Fett: 10g; Kohlenhydrate: 8g; Eiweiß: 7g

AROMATISIERT RED PEPPER TAPENADE

Vorbereitungszeit: 5 Minuten

Kochzeit: 5 Minuten

Reicht für: 4

Zutaten:
- 1 große rote Paprika
- 2 Esslöffel plus 1 Teelöffel Olivenöl, aufgeteilt
- ½ Tasse Kalamata-Oliven, entkernt und grob zerkleinert
- 1 Knoblauchzehe, gehackt
- ½ Teelöffel getrockneter Oregano
- 1 Esslöffel Zitronensaft

Wegbeschreibung:
1. Die Fritteuse auf 380°F vorheizen.
2. Die Paprikaschoten mit 1 Teelöffel Olivenöl bestreichen, in den Frittierkorb legen und 5 Minuten lang frittieren.
3. Gleichzeitig die restlichen 2 Esslöffel Olivenöl mit den Oliven, dem Knoblauch, dem Oregano und dem Zitronensaft in einer mittelgroßen Schüssel vermischen.
4. Die rote Paprika aus der Fritteuse nehmen, dann vorsichtig den Stiel abschneiden und die Kerne entfernen. Die gerösteten Paprikaschoten grob in kleine Stücke schneiden.
5. Die rote Paprikaschote zur Olivenmischung geben und alles verrühren, bis es vollständig vermischt ist.
6. Nach Belieben mit Pita-Chips, Crackern oder knusprigem Brot servieren.

Nährwert (Menge pro Portion):
Kalorien: 104; Fett: 10g; Kohlenhydrate: 4g; Eiweiß: 1g

KAPITEL 10: DESSERT-REZEPTE

KÄSEKUCHEN MIT RICOTTA

Vorbereitungszeit: 15 Minuten

Kochzeit: 25 Minuten

Reicht für: 8

Zutaten:
- 17,6 Unzen. Ricotta-Käse
- 3 Eier
- ¾ Tasse Zucker
- 3 Esslöffel Speisestärke
- 1 Esslöffel frischer Zitronensaft
- 2 Teelöffel Vanilleextrakt
- 1 Teelöffel frische Zitronenschale, fein gerieben

Wegbeschreibung:
1. Die Fritteuse auf 320ºF vorheizen.
2. Ricotta-Käse, Eier, Zucker, Maisstärke, Vanille, Zitronenschale und -saft in eine große Schüssel geben und gut vermischen.
3. Die Mischung in eine für die Fritteuse geeignete Pfanne geben.
4. Die Pfanne in den Korb der Fritteuse stellen und 25 Minuten bei 320ºF backen.
5. Die Kuchenform zum vollständigen Abkühlen auf ein Gitterrost stellen.
6. Vor dem Servieren über Nacht in den Kühlschrank stellen.

Nährwert (Menge pro Portion):
Kalorien: 97; Fett: 6,6 g; Kohlenhydrate: 15,7 g; Eiweiß: 92,2 g

BEEREN-CRUMBLE MIT ZITRONE

Vorbereitungszeit: 30 Minuten

Kochzeit: 20 min

Reicht für: 6

Zutaten:
- 12 Unzen frische Erdbeeren
- 7 Unzen frische Himbeeren
- 5 Unzen frische Heidelbeeren
- 5 Esslöffel kalte Margarine
- 2 Esslöffel Zitronensaft
- 1 Tasse Mehl
- 1/2 Tasse Zucker
- 1 Esslöffel Wasser
- Eine Prise Salz (sehr wenig)

Wegbeschreibung:
1. Die Beeren sanft massieren und zerkleinern, aber darauf achten, dass Stückchen übrig bleiben.
2. Die Beeren mit dem Zitronensaft und 2 Esslöffeln Zucker mischen.
3. Beerenmischung auf den Boden eines vorbereiteten runden Kuchens geben.
4. In einer Schüssel das Mehl mit dem Salz und dem Zucker vermischen.
5. Das Wasser hinzufügen und die Margarine mit den Fingern einreiben, bis die Masse krümelig wird.
6. Rollen Sie den Teig aus und formen Sie ihn zu einer Scheibe in der Breite Ihrer Kuchenform oder Ihres Bodens.
7. Die knusprige Teigscheibe auf die Beeren legen.
8. In der Fritteuse bei 390ºF 20 Minuten lang backen.

Nährwert (Menge pro Portion):
Kalorien: 250; Eiweiß: 89,2 g; Fett: 10,28 g; Kohlenhydrate: 38.09 g

FRENCH TOAST BITES

Vorbereitungszeit: 5 Minuten

Kochzeit: 15 Minuten

Reicht für: 8

Zutaten:
- 1 Tasse Mandelmilch
- 1 Esslöffel Zimt
- 2 Esslöffel Süßstoff
- 3 Eier
- 4 Stück Weizenbrot

Wegbeschreibung:
1. Die Fritteuse auf 360ºF vorheizen.
2. In einer Schüssel die Eier aufschlagen und mit der Mandelmilch verdünnen.
3. In einer anderen Schüssel 1/3 Tasse Süßstoff mit reichlich Zimt mischen.
4. Das Brot halbieren, die Stücke kneten und zu Kugeln formen.
5. Die Brotkugeln in das Ei tauchen und dann in dem Zimtzucker wälzen, so dass sie vollständig bedeckt sind.
6. Die beschichteten Brotkugeln in die Fritteuse geben und 15 Minuten bei 360ºF backen.

Nährwert (Menge pro Portion):
Kalorien: 189; Eiweiß: 49 g; Fett: 11 g; Kohlenhydrate: 17 g

BROWNIE-MUFFINS

Vorbereitungszeit: 10 Minuten

Kochzeit: 10 Minuten

Reicht für: 12

Zutaten:
- 1 Packung Betty Crocker Karamell-Brownie-Mischung
- 1/4 Tasse Walnüsse, gehackt
- 1 Ei
- 1/3 Tasse Pflanzenöl
- 2 Teelöffel Wasser
- 12 Muffinförmchen

Wegbeschreibung:
1. Die Fritteuse auf 300ºF vorheizen.
2. 12 Muffinförmchen einfetten. Beiseite stellen.
3. In einer Schüssel die Walnüsse, das Ei, das Pflanzenöl, die Betty Crocker Fudge Brownie-Mischung und das Wasser vermengen und gut durchmischen.
4. Die Mischung in die vorbereiteten Muffinförmchen geben.
5. Die Muffinformen in den Korb der Heißluftfritteuse stellen und 10 Minuten bei 300ºF backen.
6. Die Muffinformen zum Abkühlen für etwa 10 Minuten auf ein Gitterrost stellen.
7. Stürzen Sie die Muffins vorsichtig auf ein Drahtgitter, damit sie vor dem Servieren vollständig abkühlen.

Nährwert (Menge pro Portion):
Kalorien: 168; Eiweiß: 72 g; Fett: 8,9 g; Kohlenhydrate: 20.8 g

BLAUBEERPUDDING

Vorbereitungszeit: 35 Minuten

Kochzeit: 25 Minuten

Reicht für: 6

Zutaten:
- 2 Tassen Mehl
- 2 Tassen Haferflocken
- 8 Tassen Heidelbeeren
- 1 Stange Margarine
- 1 Tasse Walnüsse
- 3 Esslöffel Ahornsirup
- 2 Esslöffel Rosmarin

Wegbeschreibung:
1. Die Fritteuse auf 350°F vorheizen.
2. Blaubeeren in eine für die Fritteuse geeignete Pfanne geben und auf der gesamten Oberfläche der Pfanne verteilen.
3. In einer Schüssel die Haferflocken mit den Walnüssen, dem Mehl, der Margarine, dem Rosmarin und dem Ahornsirup vermischen, gut verquirlen und die Mischung auf die Blaubeeren geben.
4. Alles in die Fritteuse geben und bei 350°F 25 Minuten lang backen.
5. Abkühlen lassen, in Scheiben schneiden.

Nährwert (Menge pro Portion):
   Kalorien: 278; Eiweiß: 84,16 g; Fett: 27,75 g; Kohlenhydrate: 46 g

SCHLUSSFOLGERUNG

Durch die Verkleinerung Ihres Magens verändert eine bariatrische Operation die Art und Weise, wie die Nahrung in Ihren Darm gelangt. Nach dem Eingriff ist eine angemessene Ernährung bei gleichzeitiger Gewichtsabnahme von größter Bedeutung.

Eine Heißluftfritteuse ist ein raffiniertes Gerät, das die fettarmen Anforderungen einer bariatrischen Diät unterstützt. Mit diesem Küchengerät können Sie schnell und einfach köstliche und nahrhafte, chirurgiesichere Speisen zubereiten.

Die Umstellung auf einen gesünderen Lebensstil, der Ihre Ziele zur Gewichtsreduzierung unterstützt, ist mühsam, aber mit der richtigen Mahlzeitenplanung und einem vielseitigen Gerät wie der Heißluftfritteuse ist nichts unmöglich.

Natürlich entscheiden regelmäßige Nachuntersuchungen mit Ihrem Operationsteam über Ihre langfristige Sicherheit und Ihren Erfolg. Nachdem Sie die geplanten Termine im ersten Jahr wahrgenommen haben, wird eine jährliche Kontrolle empfohlen.

Lightning Source UK Ltd.
Milton Keynes UK
UKHW050028010223
416266UK00002B/43